Hwylio 'Mlaen

GWERTH Y BYD YN GRWN

Duncan Brown

Golygydd: Glenys M. Roberts

CYNNWYS

1. BETH YW EIN HAMGYLCHEDD?

GEIRFA

amgylchedd	environment
(o amgylch)	(around)
ymdrin â	to discuss
pwnc	subject
ffisegol	physical
ecolegol	ecological
gwyddonol	scientific
ar gael	available
meistroli	to master
diffinio	to define
graddfa	scale
gofod	space
cynefin	habitat
libart	land around your home
plwyf	parish
byd-eang	world-wide
cydnabod	to acknowledge
cyfrifoldeb	responsibility
cynnal	to sustain
dynoliaeth	humanity
yn ei gyfanrwydd	as a whole
llygru	to contaminate, pollute
cyfeirio at	to refer to
rhywogaeth	species
gwleidyddol	political
diwylliannol	cultural
elfen(nau)	element(s)
dymuniad(au)	wish(es)
gwerthoedd	values
gwerthfawrogi	to appreciate
aml-ddimensiwn	multi-dimensional

Llyfr am yr amgylchedd i bobl sy'n dysgu Cymraeg yw hwn. Trwy ffenestr ein hiaith rydyn ni'n gweld y byd o'n cwmpas. Ond nid peth syml ydy'r amgylchedd. Mae ein syniadau am yr amgylchedd yn datblygu bob blwyddyn ac mae'n rhaid i'n hiaith hefyd ddatblygu i ymdrin â'r pwnc. Felly mae pob un ohonon ni yn "dysgu" iaith yr amgylchedd.

Beth yw ein hamgylchedd? Mae gennyn ni amgylcheddau ffisegol, cemegol, biolegol ac ecolegol. Gallwn ddeall y rhain trwy ddulliau gwyddonol – dulliau sydd ar gael i bob un ohonon ni, dim ond i ni eu meistroli.

Mae'n bosibl i ni ddiffinio ein hamgylchedd ar sawl lefel neu raddfa. Er enghraifft, mae gennyn ni ein gofod personol ein hunain. Mae hwn yn cynnwys yr ardal o'n cwmpas, ein cynefin, milltir-sgwâr, bro, libart, plwyf neu wlad. Neu gallwn ddiffinio yr amgylchedd ar raddfa fyd-eang. Rhaid inni wedyn gydnabod ein cyfrifoldeb tuag at y systemau "naturiol" sy'n ein cynnal ni ein hunain, y ddynoliaeth*, a bywyd yn ei gyfanrwydd. Rydyn ni'n gyfrifol am iechyd yr amgylchedd fel rydyn ni'n gyfrifol am ein hiechyd ein hunain.

Beth yw'r gwahaniaeth yn y pen draw rhwng llygru ein gofod personol â mwg baco, a llygru'r atmosffer â mwg ceir?

Mae ffyrdd eraill hefyd o edrych ar yr amgylchedd. Gallwn sôn am amgylchedd gwleidyddol, neu hanesyddol, neu ddiwylliannol. Mae ein "bro", ein "cynefin" neu ein "cenedl" yn cynnwys yr holl elfennau hyn. Nid peth tri-dimensiwn yw'r amgylchedd, felly – mae pedwerydd dimensiwn hefyd, sef amser, a phumed hyd yn oed, sef y teimladau, y dymuniadau, y ffasiynau, yr ofnau, a'r gwerthoedd sy'n lliwio ein ffordd o edrych ar y byd.

Er bod dulliau "gwyddonol" yn bwysig dros ben, rhaid cael diwylliant hefyd i werthfawrogi ein hamgylchedd yn llawn. Yn wir, mae gwyddoniaeth yn rhan o'n diwylliant. Os gallwn ni weld yr amgylchedd mewn ffordd aml-ddimensiwn fel hyn byddwn ni'n deall nad rhywbeth y tu allan inni yn unig yw'r amgylchedd – ond rhywbeth sydd y tu mewn inni hefyd.

---

* Pan fyddaf yn sôn am "ddyn" neu "ddynoliaeth" byddaf yn cyfeirio at y rhyw-ogaeth, nid y rhyw. Gair benywaidd yw "dynoliaeth" yn Gymraeg!

2. "TRAGWYDDOLDEB MEWN AWR"

To see a world in a grain of sand
And a heaven in a wild flower,
Hold infinity in the palm of your hand
And eternity in an hour.

'Auguries of Innocence'

Basai'r geiriau hyn gan y bardd William Blake yn arwyddair gwych i'r daearegwyr. I'r daearegydd, *mae* hanes wedi cael ei chofnodi yn y gronynnau sydd wedi ffurfio creigiau'r Ddaear. Y ffordd orau o geisio deall oesoedd diderfyn ein gorffennol pell yw gwasgu'r canrifoedd i gyfnod o 24 awr. Mae'r cloc yn dechrau yn yr Oes Gambriaidd, chwe chan miliwn (600,000,000) o flynyddoedd yn ôl –

am "hanner nos". Byddwn yn dilyn ei hanes hyd y presennol, sef hanner nos drannoeth. Yn llythrennol, byddwn wedi torri stori hir yn fyr.

O Landdwyn i'r Gofod

I ddeall natur bywyd ar y ddaear, mae'n rhaid edrych yn ôl ymhellach na'r hanner nos Gambriaidd. Rhaid cofio bod y Ddaear yn llawer hŷn na hyn, a bod y creigiau hynaf a gafwyd hyd yma yn mynd yn ôl 4,600 miliwn (4,600,000,000) o flynyddoedd. Mae olion bywyd syml mor bell â 3,200 miliwn o flynyddoedd yn ôl yn rhai o greigiau De Affrica. Creigiau Môn (Llanddwyn er enghraifft), a rhai Penrhyn Llŷn (Porth Dinllaen er enghraifft) yw creigiau hynaf Cymru. Cafodd y creigiau hynny eu ffurfio o lafâu folcanig eirias a lifodd o grombil y ddaear cyn caledu yn dalpiau crwn ar wely'r môr fel taffi poeth mewn dŵr oer.

Creigiau Porth Dinllaen – rhai o greigiau hynaf Cymru (Duncan Brown)

GEIRFA	
tragwyddoldeb	eternity
arwyddair (arwydd + gair)	motto
daearegwr(wyr)	geologist(s)
cofnodi	to record
gronyn(nau)	grain(s)
diderfyn (terfyn)	infinite, without end (end)
yr Oes Gambriaidd	the Cambrian Age
drannoeth	the following day
yn llythrennol	literally
gofod	space
hŷn (henach)	older
hynaf	oldest
a gafwyd hyd yma	(which have been) found so far
olion (ôl)	traces (trace)
penrhyn	peninsula
lafâu folcanig eirias	red-hot volcanic lavas
crombil	innards, bowels, "inner depths"
caledu	to harden
talp(iau)	lump(s)

GEIRFA

crud	cradle
cyfuniad	combination
deunydd	material
solet	solid
hylif	liquid, fluid
nwy(on)	gas(es)
gwagle	empty space
bydysawd	universe
cyfnod twf	growth period
cynnwys	content
anwedd-dŵr	water-vapour
ymddangos	to appear
daearegol	geological
diweddar(af)	late(st)
llosgfynydd(oedd)	volcano
(llosg + mynydd)	
symudiad(au)	movement
dylanwadu	to influence
cyfansoddiad	composition
sylwedd(au)	substance(s)
eplesu	to ferment
esblygu (esblygiad)	to evolve (evolution)
organeb(au)	organism(s)
ffynhonnell	source
ynni, egni	energy
adwaith (adweithiau)	reaction
pelydr(au)	ray(s)
gwenwynig	poisonous
uwch-fioled	ultra-violet

Nid y Ddaear galed o dan ein traed yn unig yw ein crud. Rydyn ni'n dibynnu ar gyfuniad o ddeunydd solet (y Ddaear), hylif (y môr) a nwyon (yr atmosffer) ac mae eu hanes nhw yn mynd yn ôl yn bell iawn.

I gychwyn roedd y Ddaear ifanc yn nofio mewn gwagle fel llawer o blanedau eraill yn y bydysawd. Dydyn ni ddim yn gwybod llawer am *Gyfnod Twf* yr atmosffer, ond am y rhan fwyaf o'i hanes wedyn, nitrogen oedd y prif gynnwys, ac roedd llawer mwy o fethan, amonia, carbon deuocsid ac anwedd-dŵr na heddiw. Dyma'r *Cyfnod Cemegol*. Ymddangosodd ocsigen am y tro cyntaf rhwng dwy a thair biliwn o flynyddoedd yn ôl – arwydd bod Bywyd wedi cyrraedd yn barod. Yr enw ar y cyfnod hwn ydy'r *Cyfnod Microbial*.

Y *Cyfnod Daearegol* yw'r cyfnod olaf a'r diweddaraf. Ffactorau daearegol fel mwg llosgfynyddoedd a symudiadau tectonig platiau'r Ddaear yw'r unig ffactorau *naturiol* sy'n gallu dylanwadu erbyn hyn ar gyfansoddiad yr awyr uwch ein pennau. Ond tybed a allwn ni ddweud bod pumed cyfnod erbyn hyn, sef y *Cyfnod Dynol*? Dyma'r cyfnod o newidiadau anthropogenig

yn yr atmosffer ar ôl i ni ollwng sylweddau "annaturiol" iddo fel caesiwm o'r broses niwclear a chlorofflwrocarbonau, er enghraifft.

Erbyn yr Oes Gambriaidd – "hanner nos" – roedd prosesau fel *eplesu* (bywyd heb ocsigen) wedi hen esblygu. Roedd organebau awtotroffig (rhai sy'n gallu cynhyrchu eu bwyd eu hunain, fel planhigion) hefyd wedi ymddangos, diolch i'r hydrogen a oedd yn dod o'r llosgfynyddoedd. Ac roedd bacteria yn gallu defnyddio nitrogen o'r awyr i ffurfio proteinau. O'r diwedd datblygodd *proses ffotosynthesis*, sef gallu planhigion i ddefnyddio golau'r haul. Erbyn hynny, yr haul – yn hytrach nag adweithiau cemegol syml – oedd prif ffynhonnell ynni bywyd.

Roedd ffotosynthesis hefyd yn gyfrifol am fath arall o ocsigen sydd yr un mor angenrheidiol i fywyd, sef oson. Casglodd hwn yn yr uwch-atmosffer a sicrhau – tan heddiw – y byddai bodau byw y blaned yn cael eu gwarchod rhag pelydrau gwenwynig uwch-fioled yr haul.

Ers yr Oes Gambriaidd dydy cyfansoddiad yr atmosffer ddim wedi newid llawer. Erbyn dechrau'r Oes Gambriaidd, roedd y darnau i gyd yn eu lle. Mae prosesau biolegol fel y cylch ocsigen, y cylch carbon, y cylch nitrogen, y cylch dŵr a'r gadwyn fwyd wedi rhedeg am chwe chan miliwn o flynyddoedd fwy neu lai fel y maen nhw'n rhedeg heddiw.

Cylchoedd cyfrin

Mae'r Cylch Ocsigen (O) yn gymhleth achos bod ocsigen wedi ymddangos mewn sawl ffurf, naill ai ar ei ben ei hun fel O_2 neu oson (O_3), neu gyda charbon (CO_2), neu gyda hydrogen (H_2O). Y broses ffotosynthesis sy'n gyfrifol am yr holl ocsigen sy'n rhydd ar y blaned, ac yn dangos mai "planed fyw" yw'r Ddaear.

Mae holl ddŵr y blaned yn cael ei brosesu gan gelloedd planhigion bob 2 *filiwn* o flynyddoedd. Mae'r ocsigen yn cylchdroi trwy gyrff anifeiliaid a phlanhigion bob 2 *fil* o flynyddoedd a charbon deuocsid bob tair mil.

Fel arfer, bydd carbon deuocsid ar ôl cael ei ffotosyntheseiddio yn cael ei drosglwyddo'n ôl i'r awyr yn yr un ffurf. Mae ffotosynthesis yn defnyddio ynni'r haul i gyfuno carbon deuocsid a dŵr ($CO_2 + H_2O$) i wneud carbohydrad (H_2CO_3). Mae ocsigen yn cael ei ryddhau yn y broses. Mae

carbon deuocsid yn cael ei ryddhau hefyd ar ôl i'r carbohydrad gael ei dreulio neu ei ddatgymalu yn y gadwyn fwyd.

Mae peth o'r carbon deuocsid yn cael ei ymgorffori hefyd mewn creigiau gwaddod fel glo, olew, mawn a chalch. Prosesau Bywyd a ffurfiodd y rhain i gyd. Cafodd y Chwyldro Diwydiannol ei seilio ar y prosesau hyn. Y chwyldro hwn sydd wedi rhyddhau'r hen gronfa o garbon i'r atmosffer a chreu mantell o nwy sy'n ynysu'r Ddaear fel mae'r *cladding* yn y to yn cadw tŷ yn gynnes.

Mae'r cylch nitrogen yn wahanol i'r cylchoedd eraill. Mae mwy o nitrogen yn yr atmosffer nag unrhyw nwy arall (70%) ac mae'n hollol angenrheidiol i fywyd gan ei fod yn un o brif elfennau protein. Ond dyma'r elfen fwyaf anodd i'w phrosesu – mae angen cymaint o ynni i'w chyfuno â sylweddau eraill.

Mae Natur wedi datrys y broblem hon trwy ei gwneud yn bosibl i facteria gydweithredu gyda rhai planhigion i gyfuno nitrogen gydag ocsigen a hydrogen i greu nitradau. Mae'r rhain yn eu tro yn creu asidau amino a phroteinau – conglfeini celloedd byw. Un o blanhigion ein hoes ni sy'n gallu

GEIRFA	
cylch	cycle, circle
cyfrin	secret
cadwyn fwyd	food chain
cymhleth	complex
cylchdroi	to circulate, to rotate
trosglwyddo	to transfer
cyfuno	to combine
treulio	to spend (time), to wear away, to digest
datgymalu	to disassemble, to break down
ymgorffori	to incorporate
gwaddod	sediment
mawn	peat
Chwyldro Diwydiannol	Industrial Revolution
seilio	to found
cronfa	reservoir
mantell	cloak
ynysu	to insulate
datrys	to solve
cydweithredu	to cooperate
conglfeini (congl + maen)	cornerstones

gwneud hyn yw'r feillionen. Ond ymddangosodd y broses am y tro cyntaf mor bell yn ôl â'r Oes Garbonifferaidd – cyn bod sôn am feillion.

Yn ddiweddar iawn mae Dyn wedi ychwanegu llawer mwy o nitradau i'r amgylchedd nag sy'n naturiol. Gwnaeth hyn, yn syml, trwy dyfu mwy o feillion (a phlanhigion tebyg). Gwnaeth hyn hefyd trwy gyfuno'r un elfennau – sef N, H, ac O – ond gan ddefnyddio ynni olew i greu nitradau artiffisial trwy'r Broses Haber. Dyfeisiodd y broses hon yn wreiddiol i wneud arfau ar gyfer y Rhyfel Byd Cyntaf!

Ers i bobl ddechrau ffermio mae'r ddwy broses hyn wedi mwy na dyblu'r nitrogen sy'n cael ei gylchredeg drwy'r *biosffer*. Erbyn hyn dydy'r bacteria sy'n gyfrifol am ei drosglwyddo'n ôl i'r atmosffer yn ei ffurf syml ddim yn gallu ymdopi ac mae afonydd, llynnoedd a moroedd yn araf yn cael eu gorlwytho â maethynnau nitrogenaidd. Mae'r llysnafedd gwyrdd ar byllau a llynnoedd mewn ardaloedd amaethyddol yn arwydd o hyn.

Trefn y creigiau

Er ein bod yn meddwl am yr Oes Gambriaidd, 570 miliwn o flynyddoedd yn ôl, fel math o fan cychwyn i hanes y ddaear, mewn gwirionedd roedd y Ddaear yn hen yn barod. Trobwynt, nid cychwyn, oedd yr Oes hon. Erbyn hynny roedd lefelau ocsigen yr is-atmosffer wedi cyrraedd tua 10% o'r lefel bresennol a'r haen oson eisoes yn gwarchod ffitoplancton y môr rhag effeithiau gwenwynig pelydrau uwch-fioled yr haul. Mae'n werth cofio pa mor hir y mae bywyd wedi esblygu dan fantell warchodol yr haen hon, a pha mor gyflym rydyn ni heddiw'n ei dinistrio. Mae'n werth cofio hefyd bod ffitoplancton y môr yn un o brif ffynonellau ocsigen yr atmosffer.

Roedd yr Oes Gambriaidd yn drobwynt am reswm arall hefyd. Roedd organebau syml aml-gellog wedi datblygu erbyn hyn. O'r ffurfiau syml hyn, ffrwydrodd Bywyd yn y cyfnod hwn i greu amrywiaeth newydd o rywogaethau. Datblygodd holl brototeipiau'r anifeiliaid sy'n y byd heddiw – a mwy – yn ystod yr Oes Gambriaidd. Digwyddodd hyn ar ôl cynnydd mewn ocsigen ac esblygiad

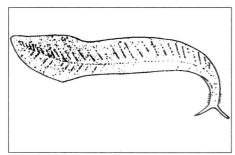

Mae cysgod asgwrn-cefn Pikaia yn ei gysylltu â ni dros y 600,000 o flynyddoedd ers yr Oes Gambraidd

planhigion môr a oedd yn fwyd iddyn nhw.

Yn ogystal â physgod-cregyn cyntaf y byd, datblygodd anifeiliaid dieithr iawn i'n golwg ni yn ystod yr Oes Gambriaidd, anifeiliaid gydag enwau rhyfeddach fyth. Dyma oes *Wixwaxia*, *Opabinia*, *Sanctacaris*, a'r mwyaf pwysig ohonyn nhw – i ni o leiaf – *Pikaia*. Ffosilau yw'r rhain o Siâl Burgess yng nghanol Tarian Canada. Roedd *Pikaia* yn un o'r creaduriaid â "notocord", sef math o asgwrn cefn cyntefig. Dyma un o'n hynafiaid cynharaf.

Mynyddoedd y Rhinogydd ym Meirion yw'r datblygiad mwyaf o greigiau Cambriaidd yng ngwledydd Prydain. Yn wir *Cambria*, enw'r Rhufeiniaid ar Gymru, yw gwraidd yr enw. Cafodd y creigiau hyn eu ffurfio yn nyfnderoedd y môr, o waddodion a gafodd eu golchi yno gan afonydd o gyfandir cyfagos.

Cafodd yr haenau gwastad o waddod eu caledu dros amser, ac yna eu plygu a'u codi i ffurfio "Cromen Harlech". Bwa o graig oedd hon rhwng Maentwrog a Dolgellau. Dim ond craidd y bwa sydd i'w weld heddiw – fel canol nionyn wedi ei dorri – ar ôl i rewlifoedd Oes yr Iâ ymosod arno.

Y cyfnodau nesaf oedd yr Oesoedd Ordoficaidd a Silwraidd. Roedd daearegwyr y ganrif ddiwethaf, Murchison a Sedgewick, yn dadlau'n ffyrnig ynglŷn â'r Oesoedd hyn. I ba oes roedd creigiau Eryri a'r Canolbarth yn perthyn? Cyfnodau "llosg" oedd y rhain! Murchison feddyliodd am yr enw "Silwraidd" – ar ôl llwyth Caradog y Brython o dde Cymru. Ar ôl llwyth arall o'r gogledd y daeth yr enw "Ordoficaidd". Mae'r un gair yn "Dinorwig".

Ond roedd y cyfnod yn "llosg" yn llythrennol hefyd. O gwmpas Cromen Harlech cododd llosgfynyddoedd fel y Rhobell Fawr a mynyddoedd yr Arennig, a chreu'r ardal sy'n cael ei galw yn "Gylch Tân Meirion". Cafodd

GEIRFA

taenu	to spread
llechwedd(au)	slope(s)
mwyn(au)	mineral(s)
prin	scarce
anrhydeddus	distinguished
unigryw	unique
cuddfan(nau)	hiding place(s)
ar gof a chadw	on record (lit. on memory and keeping)
asio	to bind together, to merge
Cefnfor Iwerydd	Atlantic Ocean
gwahanu	to separate
hynafol	ancient
chwedloniaeth	folk-lore

haen o lafa calchog ei thaenu ar hyd gwely'r môr yn y cyfnod hwn. Mae'r haen i'w gweld ar lechweddau'r Wyddfa a Chwm Idwal fel jam mewn brechdan fara. Ar ei mwynau calchog melys y mae llawer iawn o'n blodau Arctig-alpaidd prin yn byw heddiw.

Mae hanes anrhydeddus i'r graig hon a'i blodau. Dyma'r blodau a gafodd eu disgrifio gan Edward

Lili'r Wyddfa – blodyn o'r Arctig sy wedi tyfu yn Eryri ers Oes yr Iâ (Hywel Roberts)

Llwyd, y botanegydd, yr hanesydd iaith, yr archaeolegwr a'r polimath o Gymro yn yr ail ganrif ar bymtheg (17g). Rhoddodd ei enw ar y blodyn bach unigryw yna, Lili'r Wyddfa neu *Lloydia serotina*, sydd hefyd yn tyfu yn yr ardal. Dair canrif yn ddiweddarach, roedd y blodau yno o hyd, a dilynodd Evan Roberts, chwarelwr o Gapel Curig, ôl traed Llwyd a rhoi rhagor o guddfannau blodau haenen-galch Eryri ar gof a chadw.

Doedden ni ddim yn gwybod bod cyfandiroedd y byd wedi symud heibio'i gilydd tan y 1960au. Pwy fasai'n meddwl bod darnau o Ewrop ac America wedi asio yn yr Oes Ordoficaidd a bod rhan o Newfoundland wedi asio â rhan o'r Alban yn yr un cyfnod? Yr un mathau o ffosilau trilobit sy yng nghreigiau'r ddwy ochr i Gefnfor Iwerydd.

Doedd y cefnfor hwn ddim yn bod ar y pryd wrth gwrs. Cefnfor Iapetws oedd yn gwahanu dau gyfandir hynafol arall – sef *Laurentia* ac *Avalonia*. Rhan o Laurentia oedd yr Alban, a rhan o Avalonia oedd Cymru. (Mae Ynys *Afallon* yn bwysig yn chwedloniaeth y Cymry – y wlad lle roedd pawb yn ifanc am byth.) Tua 410 miliwn o flynyddoedd yn ôl daeth

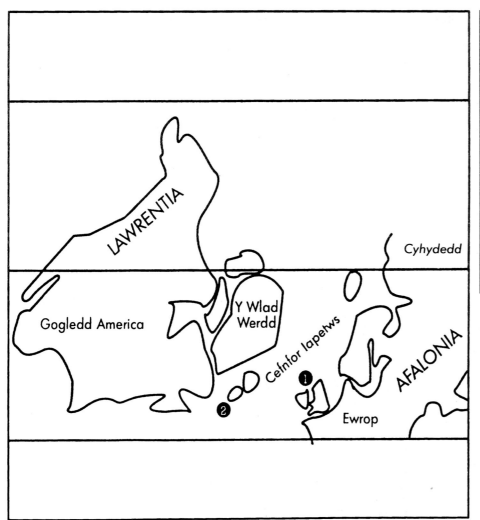

Yn yr Oes Gambriaidd roedd Cefnfor Iapetws, yn hemisffer y de, yn gwahanu Cymru, Lloegr a de Iwerddon (1) oddiwrth yr Alban a Gogledd Iwerddon (2)

y ddau gyfandir at ei gilydd a diflannodd Cefnfor Iapetws.

Ni chafodd pob un o'r daearegwyr addysg ffurfiol. Er enghraifft, treuliodd Mary Anning ei bywyd yn casglu a disgrifio ffosilau ei hardal ryfeddol ger Lyme Regis yn ne Lloegr. Dysgodd Adam Hughes, chwarelwr gwenithfaen o Fro'r Eifl yn Llŷn, am ddaeareg Prydain gyfan drwy astudio hanes creigiau ei chwarel ei hun, a'r cerigos ar y traeth ger ei gartref. Albanwr o gefndir tebyg, Hugh Miller, gafodd hyd i olion y pysgod a wnaeth

tywodfaen	sandstone
Defonaidd	Devonian
aber, moryd (môr + rhyd = ford)	estuary
tystiolaeth	testimony
olion	remains, traces
rhychau-mân-y-llanw	tidal ripple-marks
penllanw	high tide
digwyddiad	event, happening
ymddangosiad	appearance
calchfaen	limestone
gweddillion	remains
brigo	to surface
ogof(âu)	cave(s)
palmant (palmentydd)	pavement(s)
nodwedd(ion)	feature(s)
Grut Melinfaen	Millstone Grit
melinydd	miller
maen (meini) melin	millstone(s)

Un o amonitau traeth Lyme Regis, Swydd Dorset; ffosil o'r cyfnod Jwrasig (Duncan Brown)

"Hen Dywodfaen Coch" yr Oes Ddefonaidd yn enwog. Yr Oes Ddefonaidd yw pennod nesaf yr hanes.

Er mai ar ôl un o siroedd Lloegr y cafodd creigiau yr oes hon eu henwi, mae'n rhaid inni fynd i Fannau Brycheiniog i weld rhai o enghreifftiau gorau y tywodfaen coch Defonaidd. Nid o *dan* y môr y cawson nhw eu ffurfio, ond mewn aber neu foryd anferth tebyg i ddelta Afon Nîl heddiw. Mae tystiolaeth o draethau yr oes honno wedi aros yn olion rhychau-mân-y-llanw ar greigiau ambell nant neu "gwar" (chwarel) yn y Bannau. Olion a gafodd eu ffurfio ar ôl penllanw rhyw fore Defonaidd 300 miliwn o flynyddoedd yn ôl yw'r rhain. Am y pysgod y mae'r Oes Ddefonaidd yn enwog, ond y digwyddiad mwyaf pwysig yn ystod yr Oes Ddefonaidd oedd ymddangosiad yr anifeiliaid pedair coes (ond nid o angenrheidrwydd pum bys!) cyntaf.

Yn gorwedd ar ben y tywodfaen y mae'r calchfaen Carbonifferaidd. Creigiau gwaddod yw'r rhain eto, wedi eu ffurfio'n wreiddiol o weddillion calchog anifeiliaid y môr. Maen nhw'n brigo yng Nghlwyd, ym Môn, ac mewn ardal o hanner-cylch rhwng Crucywel a Llandeilo yn y de. Ogofâu, palmentydd ac afonydd sychion, dyma rai o nodweddion unigryw y calchfaen yma heddiw, a phob ardal galchog debyg. Cafodd y math yma o dir ei ddisgrifio gyntaf yn ardal y Karst yn yr hen Iwgoslafia.

Ar ben y calch mae Grut Melinfaen, a dyma sy'n gwahanu'r calch a'r meysydd glo. Roedd y graig galed yma yn werthfawr i'r melinydd, a chafodd meini melin eu gwneud

YR AMSERLEN DDAEAREGOL
Oedran prif greigiau Cymru yn fras iawn

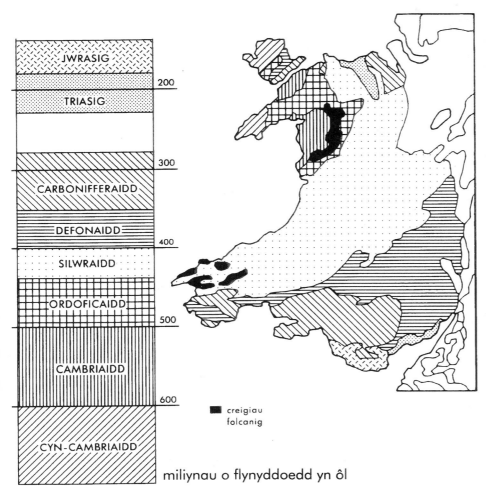

JWRASIG	
	200
TRIASIG	
	300
CARBONIFFERAIDD	
DEFONAIDD	
	400
SILWRAIDD	
ORDOFICAIDD	
	500
CAMBRIAIDD	
	600
CYN-CAMBRIAIDD	

■ creigiau folcanig

miliynau o flynyddoedd yn ôl

ohoni lle bynnag y brigai, o Gors Goch ym Môn i Lyn Nedd ym Morgannwg. "Y Graig Ffarwel" oedd hi i'r glöwr am ei bod yn arwydd o ddiwedd y wythïen lo. Yn wahanol i'r holl greigiau eraill rydyn ni wedi eu disgrifio, creigiau wedi eu ffurfio ar y tir mawr – nid o dan y môr – yw'r Cystradau Glo.

Yn yr Oes Garbonifferaidd yr esblygodd y planhigion cyntaf i ddefnyddio nitrogen trwy gydweithio â bacteria. Mae'r goeden ginco, un o'r planhigion hyn, yn fyw o hyd ac yn tyfu'n braf yng ngerddi swbwrbia! Mae ymddangosiad y planhigion yma yn dangos bod llai o amonia (sef

13

nitrogen mewn ffurf ddefnyddiol) yn yr atmosffer.

Nid fforestydd o goed ginco ond rhai o goed cynffon-cath (*Calamites*) a ffurfiodd feysydd glo Cymru. Mae'r calchfaen, y grut, ac yna'r glo o'r cyfnod hwn, yn brigo yn ymyl ei gilydd mewn sawl man yng Nghymru ar wahân i'r de. Mae'r calch a'r glo yn enwog hefyd yn ardaloedd dwyrain Clwyd, ac mae calchfaen ym Môn. Pwy fasai'n meddwl heddiw fod maes glo wedi bod ym Môn ddwy ganrif yn ôl, ar lannau Afon Cefni, a llwyth ohono wedi ei gario i Ffrainc mor bell yn ôl â 1595? Mae olion y gwaith yno o hyd.

Mae daeareg ardal de Powys yn weddol hawdd i'w deall gan mai haen ar ben haen ydy'r creigiau, yn dilyn yn gronolegol o'r Oes Silwraidd hyd ddiwedd yr Oes Garbonifferaidd. Wrth deithio o Lanfair-ym-Muallt i Ferthyr gallwn weld y creigiau hyn yn brigo yn eu tro. Yn ardal Cwm Nedd, diolch i'r haenau caled o graig sy'n brigo am yn ail â chreigiau meddal, datblygodd bro hynod Y *Sgydau*. Mae cyfres o raeadrau gwych yma, rhai â llwybrau cyhoeddus yn rhedeg y tu ôl i'r ffrwd! Rhaid aros ychydig cyn mynd ymhellach i'r de a chael hanes creigiau mwy ifanc Bro Morgannwg. Rhaid mynd y tu allan i Gymru, i St. Bee's Head yn Cumbria neu i Ddyfnaint, i weld creigiau o'r Oes Bermaidd, sef yr oes a ddilynodd yr Oes Garbonifferaidd. Roedd y trilobitau a chreaduriaid yr hen fyd wedi diflannu erbyn hyn, ac

Sgwd yr Eira ger Pontneddfechan (Duncan Brown)

ymlusgiaid oedd y creaduriaid mwyaf datblygedig. Roedd tymhorau wedi datblygu a choed collddail wedi ymddangos.

Diflannodd llawer o anifeiliaid yn y cyfnod yma a dydyn ni ddim yn siŵr pam. Efallai oherwydd mai un cyfandir mawr oedd tir y Ddaear erbyn hyn a bod llai o le i'r anifeiliaid sydd fwyaf tebyg o gael eu ffosileiddio, sef anifeiliaid y traethau a'r silffoedd cyfandirol. Enw'r daearegwyr ar yr "arch-gyfandir" hwn yw Pangea.

Ffurfio Pangea, yn yr Oes Bermaidd, sy'n dod â phennod fawr gyntaf hanes y Ddaear – sef y cyfnod Paleosoig – i ben. Mae hi eisoes yn dri o'r gloch y prynhawn ar ein Diwrnod Daearegol. Ac eto, dydyn ni ddim wedi dweud hanes pob un o gyfnodau creigiau Cymru.

Oesoedd Canol y creigiau

Ym Mro Morgannwg mae creigiau "canol oed" y Mesosoig i'w cael. Yn y creigiau yma mae olion dinosoriaid yr Oes Jwrasig ar waelod y clogwyni sy'n rhedeg ar hyd y glannau rhwng Penarth a'r Barri. Mae'r creigiau yma

mor ifanc (150 miliwn) ac mor feddal, dydyn nhw ddim fel petaen nhw'n perthyn i weddill Cymru. Mae'r tir sy'n perthyn i'r creigiau hyn yn wahanol iawn i'r ucheldir. Ond ger traethau Ardudwy ym Meirion, o dan Fae Ceredigion ac Ynys Mochras ger Llanbedr, cafodd creigiau o'r un oed â chlogwyni Morgannwg eu darganfod.

Ar hyd yr arfordir rhwng Harlech a'r Bermo roedd ffawt neu gwymp daearegol anferth. Mae'r creigiau o dan y môr i'r gorllewin o'r ffawt filiynau o flynyddoedd yn ifancach na chreigiau Cambriaidd ardal y Rhinogydd gerllaw. Mae'n debyg bod y creigiau Triasig hyn, a'r rhai Jwrasig uwchben, ar un adeg yn ymestyn draw dros fynyddoedd Meirion, gan orchuddio hen greigiau Ardudwy o danyn nhw. Mae creigiau coch o'r un oed yn Nyffryn Clwyd hefyd. Mae enw tref Rhuthun yn dod o hen air am "coch". Dyma un o gymoedd mwyaf ffrwythlon Cymru er bod hwnnw hefyd o dan y môr ar un adeg. Tua 9 o'r gloch yr hwyr (tua diwedd oes y dinosoriaid) oedd hi ar y cloc daearegol pan gafodd rhai o'r creigiau olaf ar dir Cymru eu ffurfio. Daeth cyfnod "canoloesol" y ddaear – y Mesosoig – i ben gyda thrawiad

---

GEIRFA

ymlusgia(i)d	reptile(s)
datblygedig	developed
collddail (colli + dail)	deciduous
silffoedd cyfandirol	continental shelves
arch-gyfandir	super continent
clogwyn(i)	cliff(s)
fel petaen nhw	as if they (were)
ucheldir	highland
ffawt	fault
cwymp daearegol	geological slump
gerllaw	nearby
ymestyn	to extend
gorchuddio	to cover
ffrwythlon	fruitful
canoloesol	medieval
trawiad	strike, blow

GEIRFA

gwibfaen	*meteorite*
tywyllwch dudew	*deepest darkness*
(du + tew)	

anferth gan wibfaen o'r gofod. Gyda hi daeth elfen newydd i waddodion calchog de Lloegr, sef *iridiwm*. Efallai mai dyna pam y diflannodd y dinosoriaid, a llawer o blancton y môr – yn y tywyllwch dudew a ddilynodd. Dyna mae rhai yn ei gredu, beth bynnag.

3. O'R MÔR I'R MYNYDD

Ychydig iawn o ddaear Cymru sydd heb ei gyffwrdd gan Ddyn. Yn wir, tybed oes cynefinoedd yma o gwbl heb ôl llaw neu droed neu ymennydd Dyn arnyn nhw? Y môr mae'n debyg yw'r cynefin mwyaf "naturiol" – hyd yn ddiweddar, o leiaf.

Oherwydd grym y pwerau sy'n ei ffurfio, cynefin mwyaf "naturiol" *daear* Cymru heddiw yw'r traethau a'r glannau. Dyma lle mae "yr hyn na ellir ei symud" (sef y tir) yn cwrdd â'r "grym na ellir ei wrthsefyll" (sef tonnau'r môr) (*where the immovable object meets the irresistible force*). Pan fydd hynny'n digwydd mae'n rhaid i *rywbeth* ildio.

Y môr a'r glannau

Mae'r gwrthdaro di-baid hwn yn y pen draw yn llenwi pob bae â thywod ac yn treulio pob penrhyn i greu arfordir syth a llyfn. Dros y mil o flynyddoedd diwethaf mae Bae Caernarfon a Bae Tremadog wedi llenwi gyda thywod a ddaeth o greigiau caled Penrhyn Llŷn a Phenfro.

Mae'r traeth, yn fwy na'r un cynefin arall, yn ein hatgoffa o dreigl a thro'r planedau o'n cwmpas. Rhan fechan o system lawer mwy yw'r Ddaear. Cyd-a chroes-dyniad yr haul a'r lleuad sy'n achosi llanw'r môr (*morlanw*) bob dydd, mis a thymor. Mae yma amodau byw unigryw ac anodd, rhwng y sychder am yn ail â'r lleithder, a'r halltwch. Esblygodd bywyd y traeth i ymdopi neu, yn hytrach, i fanteisio ar hyn.

Bob dydd mae dau *lanw* a dau *benllanw*, a dau *drai* a dau *ddistyll* chwe awr yn ddiweddarach. Bob mis, gyda'r lleuad lawn a'r lleuad newydd, bydd y *penllanw mawr*. Bythefnos yn ddiweddarach, hanner ffordd trwy gylchdro'r haul, daw'r *penllanw bach*. Yn y gwanwyn a'r hydref mae'r *llif* mwyaf, sef *penllanw'r cyhydnos*. *Distyll penllanw mawr yr hydref* sy'n dod â'r arwynebedd mwyaf o'r traeth i'r golwg. Penllanw yr un llif sy'n codi uchaf ac yn achosi trafferthion mewn pentrefi glan y môr pan fydd y gwynt a'r llanw yn gweithio gyda'i gilydd.

Ar aber Afon Hafren, ar y ffin rhwng Cymru a Lloegr, mae *ystod-llanw* gyda'r mwyaf yn y byd. Esblygodd gwahanol anifeiliaid a phlanhigion ar draethau fel hyn i fyw mewn rhannau arbennig yn ôl pa mor hir y byddant dan ddŵr. Caiff rhai eu gwlychu gan y môr bob dydd, a rhai bob mis. Mae'r gwahaniaeth i'w weld

GEIRFA	
tybed	(I) wonder
ôl llaw	hand-print
ymennydd	brain
cynefin(oedd)	habitat(s)
yn ddiweddar	recently
ildio	to yield
gwrthdaro	conflict
di-baid	unceasing
penrhyn	peninsula
treulio	to wear down
arfordir	coast
llyfn	smooth
atgoffa	to remind
"treigl a thro" (T.H. Parry Williams)	rolling and spinning, i.e. course, cycle
cyd- a chroes-dyniad	pulling together and against one another
llanw'r môr, morlanw	tide
amodau unigryw	unique conditions
lleithder	dampness
halltwch	saltiness
yn hytrach	rather
llanw	flow, as in "ebb and flow"
penllanw	high tide
trai	ebb
distyll	low tide
penllanw mawr	spring tide
cylchdro	orbit
penllanw bach	neap tide
llif	flow
penllanw'r cyhydnos	equinoxial springs
distyll penllanw mawr yr hydref	low water of autumnal equinoxial springs
arwynebedd	surface
aber(oedd)	estuary (-ies)
Hafren	Severn
ystod-llanw	tidal range
gyda'r mwyaf	amongst the greatest

G E I R F A

yn ôl	according to
pysgod cregyn	shell-fish
gwymon	seaweed
rhywogaethau	species
dosbarthu	to classify
llyngyren (llyngyr)	worm(s)
lwgwns	lugworms
cranc	crab
cerigos	pebbles
cregyn deuddarn	bivalve molluscs
malwod	snails
ffurf gragennog	shell-form
ffurf-ar-fywyd	life-form
efelychu	to copy, to emulate
cragen-long	barnacle
pry genwair	worm
rhydyddion	waders
cyfyng	narrow, restricted
arf(au)	weapon(s)
y gylfinir	curlew
turio	to burrow, to dig
hutan y traeth	turnstone
caib	mattock
trosol	lever

yn glir ar draethau creigiog gyda physgod cregyn a gwymon yn byw mewn rhannau gwahanol sy'n dilyn lefelau arbennig o'r llanw.

Er bod llawer iawn o wahanol rywogaethau o anifeiliaid yn byw ar y traeth, gallwn eu dosbarthu'n fras yn dri phatrwm corff – y llyngyr (er enghraifft lwgwns), yr anifeiliaid cragennog, a'r arthropodau neu'r anifeiliaid wythcoes (er enghraifft cranc). Mae'r llyngyr yn byw mewn mwd ac mae'r anifeiliaid wythcoes yn byw yng nghanol y cerigos a'r gwymon. Mewn mwd hefyd y mae un math o bysgod gregyn yn byw, sef y cregyn deuddarn neu'r *lamelibranciaid* (er enghraifft cocos).

Cregyn – ffurf-ar-fywyd lwyddiannus iawn ar greigiau di-gysgod y glannau (Duncan Brown)

Mae'r math sydd â chragen sbiral, y *gastropodau* (malwod fel gwichiaid neu *winkles*), yn byw ar wyneb y mwd neu ar y creigiau.

Mae'r ffurf gragennog yn ffurf-ar-fywyd lwyddiannus iawn yn y cynefin hwn ac mae rhai rhywogaethau o'r ddau grŵp arall wedi ei hefelychu. Arthropod wythgoes sydd wedi tyfu cragen yw'r gragen-long, a llyngyren sydd wedi esblygu cragen yw *Spirorbis*, sef math o bry genwair cyffredin ar y traeth.

Y rhain yw prif fwyd y rhydyddion. Mae'r adar hyn yn cyrraedd ein haberoedd, fel Aberdyfrdwy, Aberconwy, Abermawddach ac Aberhafren, yn eu miloedd ar filoedd bob gaeaf ar ôl treulio'r haf yn nythu yn yr Arctig pell. Maen nhw'n gallu byw gyda'i gilydd ar dir cyfyng yr aber achos eu bod wedi datblygu arfau arbennig i fwyta gwahanol bethau heb gystadlu â'i gilydd. Mae'r gylfinir, er enghraifft, gyda'i big (neu *ylfin*) hir yn turio am lwgwns ymhell o dan wyneb y tywod. Mae hutan y traeth yn defnyddio ei big byr cryf fel caib neu drosol i godi cerrig a dal y crancod oddi tanynt. Er bod y rhydyddion hyn yn debyg iawn i'w gilydd, maen nhw'n llwyddo i gyd-fyw trwy ddal bwyd gwahanol.

Oherwydd y gwrthdaro rhwng grymoedd y tonnau a sadrwydd y tir mae cronfa o dywod yn casglu ar hyd y glannau mwy cysgodol. Tir newydd yw'r traeth yn ei hanfod, a'r cam cyntaf at dir go iawn yw twyni tywod. Y "cytgord" hwn rhwng y gwynt, y tywod a'r llystyfiant sy'n creu'r *tywyn*. Er bod y traeth ei hun yn wag o blanhigion, mae'r twyni cyntaf yn ffurfio o gwmpas planhigion fel yr hegydd arfor sy'n tyfu yn y gwymon ym mhen uchaf y traeth.

Mae'r moresg yn gorffen y gwaith o godi twyni tywod trwy gasglu tywod o'u cwmpas. Mae'r broses yn debyg i'r broses o gasglu lluwch o gwmpas llwyn mewn storm o eira. Wrth i'r twyn dyfu mae pob math o "chwyn" – planhigion cyffredin fel dant y llew – yn cael cyfle o'r diwedd i dyfu yng nghanol dail y moresg yn ddiogel rhag dŵr y môr. Daw pob math o flanhigion eraill yn eu tro nes bod y moresg yn y diwedd yn cael ei ddisodli gan blanhigion sy'n perthyn i dir sych sefydlog. Porfa werdd fydd yma yn y pen draw, yn lle

"diffeithwch" y traeth. Mewn oes arall bydd y borfa'n cael ei disodli gan lwyni a choed (neu barc carafannau!).

Corsydd

Clytwaith o wahanol gynefinoedd yw'r tywyn naturiol. Mae'n cynnwys pantiau o dir corsiog, a phonciau o dywod sych. A sôn am "dir corsiog", mae llawer iawn o *gorsydd* yng Nghymru achos ein bod ni'n cael llawer o law. Mae tri math o gors – *cors dyffryn* (fel Cors Erddreiniog ym Môn), sy'n ffurfio mewn pant ar ôl i lyn lenwi dros ganrifoedd gyda mwsogl a hesg gan ffurfio mawn. Yn ail, *cors gromennog* – cors sydd wedi tyfu mewn pant neu ddyffryn uwchben y llwyfan dŵr oherwydd glawiad uchel (fel Cors Fochno ger Machynlleth). Mae'r math olaf o gors yn gorchuddio llechweddau yn ogystal â llenwi pantiau, diolch eto i'r glawiad uchel iawn. Mae'r Migneint ger Blaenau Ffestiniog yn enghraiff dda o hon.

Cawsom ein bendithio yng Nghymru â llawer o gorsydd, diolch i'r holl law sy'n ein cyrraedd o Gefnfor Iwerydd. Dyna pam mae cymaint o eiriau yn Gymraeg am dir gwlyb (fel mae llawer o enwau am

GEIRFA

sadrwydd	stability
cronfa	reservoir, bank
yn ei hanfod	in its essence
twyni tywod	sand dunes
cytgord	harmony
llystyfiant	vegetation
tywyn	duneland
yr hegydd arfor	sea rocket
moresg	marram grass
lluwch	(snow) drift
llwyn	bush
chwyn	weed(s)
dant y llew	dandelion
disodli	to displace
sefydlog	established
porfa werdd (gwyrdd)	(green) grass
diffeithwch	desert
clytwaith	patchwork
pant(iau)	dip(s), hollow(s)
corsiog	marshy
ponc(iau)	bank(s), hillock(s)
a sôn am...	and talking about...
cors(ydd)	marsh(es)
canrif(oedd)	century (-ies)
mwsogl	moss
hesg	bulrushes
gan ffurfio	forming, i.e. during the process
mawn	peat
cors gromennog	raised bog
llwyfan dŵr	water-table
glawiad	rainfall
gorchuddio	to cover
llechwedd(au)	slope(s)
yn ogystal â	as well as

GEIRFA

tomen	mound
aneffeithiol	ineffective
mawnog	peat-bog
toddi	to dissolve, to melt
o ganlyniad	as a result
ailgylchu	to recycle
cenedlaethau	generations
llystyfiant	vegetation
cywasgiad	concentration
mwsog-y-migwyn	sphagnum moss
plu'r gweunydd unben	single-headed cotton grass
plu'r gweunydd aml-ben	multi-headed cotton grass
blodau llafn y bladur	bog asphodel
maethynnau	nutrients
rhinwedd(au)	virtue(s), property(-ies)
budd	benefit
rhyddhau	to release
llwm	bare, poor
nodwedd	feature
gwlithlys	sundew
tafod-y-gors	butterwort
chwysigenllys	bladderwort
cynnil	economical
gwingoch (gwin + coch)	russet
naws	atmosphere, quality
hynod	special
annisgwyl	unexpected
braidd	rather

eira gan yr Esgimo!). Dyma rai o'n henwau ar le gwlyb, pob un ag ystyr wahanol: *cors, mawnog, siglen, mignedd* neu *mign, gwern, tonnen, gwaun, rhos.*

Tomen gompost anferth, aneffeithiol a gwlyb yw'r fawnog. Mae'n aneffeithiol am ei bod hi'n wlyb. Dydy ocsigen ddim yn gallu toddi mewn dŵr yn dda iawn. O ganlyniad, dydy bacteria ddim yn gallu ailgylchu defnydd organig y gors fel maen nhw mewn pridd cyffredin. Felly mae holl ddail a gwreiddiau marw cenedlaethau o lystyfiant y gors yn ffurfio mawn. Cywasgiad yw mawn o blanhigion marw sydd ddim wedi newid llawer ers pan oedden nhw'n fyw.

Mathau o frwyn, hesg a mwsog-y-migwyn yw'r rhan fwyaf o'r dail mewn mawn. Mae'n bosibl "darllen" wyneb y gors yn ôl pa fathau sy'n tyfu ym mha le. Mae rhai mathau yn hoffi rhannau mwy gwlyb nag eraill, a rhai yn hoffi rhannau mwy asid. Mae plu'r gweunydd unben, er enghraifft, yn tyfu mewn llefydd sychach na phlu'r gweunydd aml-ben. A dim ond yn y llefydd mwyaf sur neu asid y mae blodau llafn y bladur yn tyfu.

Ar ôl i'r planhigion yma farw, mae'r maethynnau yn aros yn eu dail, a hefyd yr ynni a gafodd ei gasglu trwy ffotosynthesis. Dydy rhinweddau'r dail marw – y maethynnau a'r ynni – ddim o lawer o fudd i'r planhigion byw sy'n tyfu ar wyneb y gors. Ond yn anffodus i ddyfodol corsydd y byd, mae'r ynni o fudd mawr i ddyn – sy'n ei ryddhau fel gwres wrth losgi mawn.

Oherwydd bod y fawnog yn gynefin mor llwm, mae'n rhaid i'r planhigion sy'n byw arni fod yn rhai arbennig iawn. Mae tair prif nodwedd iddyn nhw. Mae llawer ohonyn nhw, fel y mathau o wlithlys, tafod-y-gors a chwysigenllys, wedi esblygu i hel eu bwyd (neu *faeth*) o'r awyr, yn lle o'r pridd, trwy ddal pryfed. Mae llawer o blanhigion y gors fel llafn y bladur a phlu'r gweunydd yn byw yn gynnil trwy ailgylchu'r maethynnau rhwng y dail a'r gwreiddiau bob blwyddyn. Wrth dynnu'r maeth i lawr i'r gwreiddiau ar gyfer y gaeaf maen nhw'n troi yn lliw gwingoch hyfryd, ac yn rhoi naws arbennig i'r cynefin hynod hwn yr adeg hon o'r flwyddyn. Sawl *Cors Goch* sy yng Nghymru tybed?

Mae'r drydedd nodwedd yn un annisgwyl braidd. Oherwydd bod corsydd fel arfer mewn lleoedd agored a gwyntog, mae perygl i'r planhigion golli dŵr yn gyflym trwy'r dail er eu bod nhw'n tyfu mewn lle mor wlyb. Hefyd, yn ystod tywydd rhewllyd y gaeaf dydyn nhw ddim yn gallu codi dŵr o'r ddaear o gwbl. I ddatrys y broblem hon mae'r llygeirian yn llusgo ar hyd wyneb y gors heb godi ei phen o gwbl. Ac mae gan y grug ddail bach iawn sy'n cydio'n dynn wrth goes y planhigyn er mwyn colli cyn lleied o ddŵr ag sy'n bosibl. Mae'r dail yma'n debyg iawn i ddail planhigion y gwledydd poeth a sych!

Nodwedd bwysicaf cors yw ei bod yn gallu cadw popeth organig – eu "piclo" bron – cyrff, dail, neu'r gronynnau o baill a fu'n disgyn ar y gors trwy'r canrifoedd. Mae'n bosibl gwahaniaethu un math o baill oddi wrth un arall. Mae'r dyfnder o fawn yn fath o "lyfr" hanes. Cafodd tudalennau'r "llyfr" eu ffurfio o'r haenau o fawn sydd wedi tyfu un ar ben y llall dros amser maith. Mae'r hanes wedi cael ei ysgrifennu mewn "geiriau" o baill.

Cafodd y dechneg o ddadansoddi paill y mawn ei datblygu yn y Ffindir, ond yng Nghors Fochno y cafodd llawer o'r ymchwil cyntaf ym Mhrydain ei wneud. Yr Athro Harry Godwin oedd yr arloeswr mawr, a'r naturiaethwr Mary Vaughan Jones o'r Waunfawr oedd un o'i fyfyrwyr yn y tridegau.

Yn y tywyn fe welson ni'r olyniaeth lysieuol o draeth "diffaith" i borfa las. Mae'r broses yn debyg yma – y llyn gwreiddiol yn llenwi i ffurfio cors, a'r gors o'r diwedd yn gorlenwi a sychu nes bod coed yn gallu tyfu arni. Coed fu pen draw bron pob olyniaeth lysieuol ym mhob rhan o Gymru, pan oedd yr hinsawdd yn debyg i'n hinsawdd bresennol. Oherwydd amaethyddiaeth a'r holl ddefnydd y mae Dyn yn ei wneud o'r tir, dydy'r olyniaeth ddim yn cael cyrraedd ei huchafbwynt yn aml heddiw.

Y Coed

Y cynefin mwyaf sefydlog yw'r goedwig oherwydd mai coed yw'r cyflwr o gydbwysedd ecolegol. Hwn hefyd yw'r cynefin naturiol mwyaf tri-dimensiynol. Ar lawr y goedwig mae dail a mwsogl. Uwch eu pennau mae haen o blanhigion talach fel rhedyn. Wedyn, mae llwyni fel celyn neu griafol yn tyfu, ac yn coroni a chysgodi'r cyfan, mae coed tal y deri a'r ynn. Mae *bonion* y coed hefyd yn

GEIRFA	
datrys	to solve
llygeirian	cranberry
llusgo	to drag
grug	heather
cydio'n dynn	to hold tight, to clasp
corff (cyrff)	body (-ies)
gronyn(nau)	grain(s)
paill	pollen
gwahaniaethu	to distinguish
dyfnder	depth
dadansoddi	to analyze
y Ffindir	Finland
ymchwil	research
arloeswr	pioneer
naturiaethwr	naturalist
diffaith	barren, desolate
gorlenwi	to overfill
pen draw	the far end
olyniaeth lysieuol	vegetational succession
uchafbwynt	climax
sefydlog	stable
cyflwr o gydbwysedd ecolegol	state of ecological equilibrium
mwsogl	moss
rhedyn	fern, bracken
criafol	mountain ash
coroni	to crown
cysgodi	to shelter
derwen (deri, derw)	oak tree(s)
onnen (ynn)	ash
bôn (bonion)	trunk(s)

rhoi lloches i lawer o fwsoglau a rhedyn, yn enwedig yng Nghymru a'r gorllewin lle mae digon o law.

Mae llawer o amrywiadau ar y patrwm hwn. Lle mae defaid yn pori mae'r haenau is yn deneuach, a mwy o adar tebyg i'r telor coed yno. Ar y llaw arall mae'r dryw bach yn hapusach yng nghanol y drain a'r drysni a'r mieri sy'n tagu coedwig heb anifail i'w phori.

Dydy siâp neu ffurf pob coeden ddim yr un fath. Mae'r tyllau a'r pantiau mewn hen goeden yn lle i ystlum nythu neu'n lloches i redyn neu ffwng. Efallai bod ambell i helygen, collen neu wernen wedi cael ei bôn-dorri yn y gorffennol i wneud coed pys, basgedi neu wadnau clocsiau. Mae coed Cymru wedi cael eu defnyddio hefyd i wneud darnau o longau, ac roedd yn rhaid cael bonion o ffurf arbennig i wneud cilbren, llyw neu asennau llong. Mewn coedwig a gafodd lonydd i dyfu'n naturiol mae'r bonion yn tyfu'n dal ac yn syth gan fod pob un yn ymestyn, am y cyntaf, at olau'r haul.

Mynydd

Yn gam neu'n gymwys mae'r mynydd yn cael ei ystyried yn un o'r cynefinoedd mwyaf "naturiol" yng Nghymru. Yma mae'n bosibl teimlo ymhell o'r byd ac yn agos at "natur". Mae'n bosibl bod ar drugaredd yr elfennau – weithiau hyd berygl einioes. Dyma lle mae effeithiau'r tywydd fwyaf amlwg. Dyma lle mae'r ddaear yn ei moelni amrwd yn brigo o dan ein traed. Ond dydy'r mynydd ddim mor "naturiol" â hynny. Diolch i ddefaid, geifr a gwartheg, cynefin diwylliannol – diwydiannol hyd yn oed – yw'r rhan fwyaf o fynyddoedd Cymru.

Wrth gwrs, mae rhai clogwyni serth, sydd ddim wedi dioddef unrhyw ymyrraeth gan ddyn nac anifail dof yn eu hanes, yn gallu bod yn llefydd hollol "naturiol". Er mai cyfran fach iawn o'r cyfan yw'r clogwyni hyn maen nhw'n gartref i rai o'n blodau mwyaf arbennig, yn enwedig y rhai sydd fwyaf cartrefol yng ngwledydd yr Arctig a'r Alpau. Rydyn ni wedi sôn yn barod am y blodau hyn a'r Cymry a aeth i'w casglu a'u cofnodi dros y blynyddoedd. Tasai'r mynydd yn cael llonydd gan y ddafad, y dringwr a'r cerddwr i ddatblygu yn ei ffordd ei hun, basai'r cynefin hwn yn fwy o glytwaith o goed isel, rhosydd a chorsydd yn ogystal â chlogwyni a phorfeydd.

Ar y mynydd mae'r tymhorau ar eu mwyaf eithafol – yr hafau'n fyr a'r gaeafau'n hir iawn. Yr anifeiliaid mwyaf llwyddiannus yw'r rhai sy'n gallu manteisio ar ffrwythlondeb yr haf heb ddioddef gormod yn ystod llymder y gaeaf. Pryfed yw prif ecsploetwyr y mynydd gan eu bod yn treulio'r gaeaf yng nghanol y grug neu'r creigiau fel wyau neu chwilerod wedi eu hynysu rhag y tywydd garw.

Yn yr haf, gall adar fel y corhedydd neu'r gog fanteisio ar yr holl bryfed hyn. Ond rhaid hedfan i ffwrdd pan ddaw'r ffynhonnell hon i ben. I lawr i'r gwastadeddau y bydd y corhedydd yn mynd dros y gaeaf, ac i Affrica yr aiff y gog. Bydd y gwalch bach, sy'n eu hela nhw yn ei dro, hefyd yn gadael y mynydd am borfeydd brasach y gwaelodion.

GEIRFA

eithafol	extreme
ffrwythlondeb	fertility
llymder	barrenness, austerity
chwiler(od)	pupa(s)
ynysu	to insulate
corhedydd	pipit
ffynhonnell	source
gwastadeddau	plains
aiff = bydd yn mynd	will go
gwalch	hawk, falcon
porfeydd brasach	richer pastures
gwaelodion	lowlands

4. CARREG, PREN A METEL

Mae hanes Dyn yng Nghymru yn mynd yn ôl mor bell â chwarter miliwn o flynyddoedd. Mae tystiolaeth Ogof y Bont Newydd ger Llanelwy yng nghalchfaen Carbonifferaidd Clwyd yn profi bod pobl – ac eirth, bleiddiaid a hyd yn oed math o rinoseros – wedi byw yng Nghymru yn ystod y cyfnod hwn. Cyfnod "rhyng-rewlifol" oedd hwn, cyfnod o hinsawdd mwyn (poeth weithiau) rhwng dau gyfnod o rewlif.

Nid *un* oes o iâ di-baid oedd "Oes yr Iâ" ond cyfnodau oer a mwyn bob yn ail am ryw filiwn o flynyddoedd. Yn un o'r cyfnodau "rhyngrewlifol" hyn y cafodd y clai sy'n cael ei ddefnyddio yng Ngwaith Brics Caernarfon ei ffurfio. Ai cyfnod rhyngrewlifol arall yw ein cyfnod ni?

Aeth 15,000 o flynyddoedd heibio ers enciliad olaf yr iâ o dir Cymru. Math o rostir rhewllyd, neu *dwndra*, oedd y llystyfiant cyntaf i dyfu ar y creigiau moel a adawodd y rhew. Daeth anifeiliaid yr Arctig, fel ceirw-Llychlyn, i'r rhostiroedd hyn, ac roedd Dyn yn eu hela.

Roedd yr hinsawdd yn dal i wella ac enciliodd y twndra o Gymru fel y rhew o'i flaen. Yn ei le daeth y fforestydd

Craig o Oes yr Iâ – sut cyrhaeddodd hi'r lle yma tybed? (Duncan Brown)

cyntaf o'r cyfandir, cyn bod sôn am sianel o fôr i wahanu Prydain oddi wrth dir mawr Ewrop. Fforestydd o binwydd yr Alban oedd y rhain, tebyg i'r rhai sy'n tyfu yng Nghoed Celyddon yr Alban heddiw. Mae eu gweddillion i'w gweld ar y trai ar draeth y Borth ger Aberystwyth hyd heddiw.

[handwritten: ebb]

Roedd y coedydd yma yn gynefin i rai o'r mamaliaid rydyn ni'n eu hadnabod heddiw. Yn y coed roedd anifeiliaid fel y wiwer goch, y bele goed a'r afanc yn byw, a rhai llai cyfarwydd fel y tarw gwyllt neu'r awrocs. Mae pob un o'r rhain erbyn heddiw naill ai yn brin iawn yng Nghymru, neu wedi diflannu yn gyfan gwbl.

Cafwyd hyd i benglog awrocs anferth yn y mawn o dan fonion coed hynafol traeth y Borth ger Aberystwyth yn y chwedegau. Fel pob buwch arall roedd rhaid i'r anifail yma gael porfa, ac felly mae'n bosibl fod pobl Mesolithig wedi dechrau clirio'r coed yn barod.

Roedd yr hinsawdd yn gwella eto, a chafodd y coed pinwydd eu disodli'n raddol gan y cymysgedd o goed derw, bedw, llwyfen a chyll – cymysgedd sy'n gyfarwydd i ni heddiw yn yr

ychydig o goedwigoedd naturiol sydd ar ôl yng Nghymru. Tua 5000 o flynyddoedd yn ôl, pan oedd glaw Cyfnod Iwerydd yn ffurfio mawnogydd ucheldir Cymru, bu bron i'r llwyfen farw o'r tir ar draws Ewrop.

Gwaith yr Athro Harry Godwin ar baill y mawn sy wedi rhoi gwybodaeth i ni am brinhad y llwyfen. Dydyn ni ddim yn gwybod yn iawn *pam* y prinhaodd y goeden hon, ond mae sawl damcaniaeth. Roedd ffermwyr cyntaf y cyfnod Neolithig eisiau clirio'r coed, a choed fel y llwyfen a oedd yn tyfu ar y priddoedd dyfnaf oedd y cyntaf i fynd.

Mae dau reswm arall posibl am brinhad y llwyfen. Yn gyntaf, fe brinhaodd paill y goeden hon tua'r un pryd ar draws gwledydd Ewrop – ffaith annisgwyl gan nad oedd y ffermwyr wedi cyrraedd pob man yr un pryd. Efallai mai clwyf tebyg i Glwy'r Llwyfen oedd yn gyfrifol fel yn ein hoes ni.

[handwritten: pollen]

Ond roedd y llwyfen hefyd yn goeden werthfawr i bobl Neolithig. Roedd ei dail yn fwyd maethlon i'w hanifeiliaid dros y gaeaf cyn iddyn nhw ddysgu sut i wneud celfi miniog i ffermio'r tir. Efallai bod hyn wedi lleihau'r cnwd o baill a oedd yn

[handwritten: nourishing]
[handwritten: crop]

GEIRFA

cyn bod sôn am	before there was a sign (mention) of
tir mawr	mainland
pinwydd yr Alban	Scots Pine
Coed Celyddon yr Alban	Caledonian Pine Forest
gweddillion	remains
y wiwer goch	red squirrel
y bele goed	pine marten
afanc	beaver
cyfarwydd	familiar
naill ai	either
yn gyfan gwbl	completely
cafwyd hyd i ...	... was found
penglog	skull
bôn (bonion)	trunk(s)
porfa	pasture
hynafol	ancient
eisoes	already
disodli	to displace
yn raddol	gradually
derwen (derw)	oak tree(s)
bedwen (bedw)	birch tree(s)
llwyfen (llwyf)	elm tree(s)
collen (cyll)	hazel tree(s)
Cyfnod Iwerydd	The Atlantic Period
mawnog(ydd)	peat bog(s)
prinhad	decline (decreasing in number)
damcaniaeth	theory
ffaith annisgwyl	unexpected fact
clwyf	disease, wound
Clwy'r Llwyfen	Dutch Elm Disease
gwerthfawr	valuable

maethlon	nutritious
celfi miniog	sharp tools
cnwd	crop
gwastatir	plain (flat land)
onnen (ynn)	ash
cyfeiriad	reference
arfer	custom
rhisgl	bark
trin lledr	to cure leather
hofrennydd	helicopter
copa(on)	summit(s), peak(s)
gorchudd	covering
bwlch (bylchau)	gap(s), clearing(s)
aradr	plough
hôf	hoe
gwenith	wheat
dihysbyddu	to use up, to exhaust
da byw	livestock
gafr (geifr)	goat(s)
egin goeden	seedling
trofannol	tropical
tylluan wen	barn owl
llygad-y-dydd	daisies
adar-y-to	house sparrows
Llain Maethlon	Fertile Crescent
crud	cradle
amaethyddiaeth	agriculture
amaethwr (-wyr)	farmer(s)
dawn (doniau)	gift(s), talent(s)

disgyn ar y corsydd.

Mae rhai o'n henwau lleoedd heddiw yn dystiolaeth o gyfoeth y coedwigoedd cynnar. Does dim ond angen i ni ymweld â chwm Nant Gwynant yn Eryri i sylweddoli hynny. Mae pob fferm yn y cwm hwnnw yn ein hatgoffa o'r coed a'r defnydd a gafodd ei wneud ohonyn nhw. *Gwastad Annas* ("y gwastatir o goed ynn"), *Hafod Lwyfog*, (mae'r onnen a'r llwyfen yn tyfu yn y cwm hyd heddiw) a *Hafod y Rhisg*, sef cyfeiriad at yr arfer o dynnu *rhisgl* oddi ar goed derw er mwyn ei ddefnyddio i drin lledr. Mae rhisgl y dderwen yn llawn o asid tanig.

Tasen ni wedi cael cyfle i edrych ar y tirlun hwn o ryw hofrennydd Neolithig, gwlad o gopaon moel, traethau melyn, llynnoedd glas a gorchudd o goed uchel fyddai o danon ni. Yn y coed bydden ni'n gweld bylchau yma a thraw, a mwg yn codi. Yma roedd y ffermwyr yn llosgi a thorri'r coed, yn trin y tir o gwmpas y bonion, nid gydag aradr ond gyda hôf. Roedden nhw'n tyfu math o wenith cynnar nes dihysbyddu'r pridd o'i faeth naturiol cyn symud i le arall i ail-gychwyn y broses.

Ar y dechrau roedd y bylchau hyn yn tyfu yn ôl yn ddrain a choed. Ond yn raddol daeth da byw – gwartheg, defaid a geifr – i bori pob egin goeden a oedd yn mentro dangos ei phen. Yn araf, araf cafodd gwlad eang o goed gydag ambell fwlch ei throi yn fwlch anferth gydag ambell goedwig. Dyna'r "bwlch" anferth rydyn ni'n ei ffermio heddiw. Yn y bwlch hwn hefyd mae ein pentrefi, ein trefi a'n dinasoedd.

Daeth pob math o fywyd gwyllt newydd i'r ardaloedd di-goed newydd hyn o ardaloedd di-goed *naturiol* Asia neu Affrica. Aderyn y safana trofannol oedd y dylluan wen yn wreiddiol. Math o safana yw caeau Cymru i'r dylluan heddiw. Ni sy wedi creu ei chynefin yma. Yn yr un ffordd, lle roedd blodau llygad-y-dydd cyn i ni greu lawnt?; lle roedd adar-y-to cyn bod tai?

Y "Llain Maethlon" rhwng afonydd Tigris ac Ewffrates yn Irac heddiw oedd crud amaethyddiaeth. Amaethwyr yr ardal honno a gariodd eu doniau a'u gwybodaeth – ar lafar, nid ar bapur – i bob rhan o'r byd. Aeth eu hiaith gyda nhw hefyd gan sefydlu teulu mawr yr ieithoedd *Indo-Ewropeaidd* sy'n ymestyn heddiw o Iwerddon i Fangladesh. Os yw'n anodd credu hyn, meddyliwch am y *Punjab*, sef ardal yn Bengal. Ystyr yr enw yw man cyfarfod *pump afon*. Nid cyd-ddigwyddiad yw eco'r geiriau Cymraeg yn yr enw dieithr hwn.

Dofi, dofedu a diwyllio

Geiriau sy'n disgrifio perthynas Dyn ag anifeiliaid a phlanhigion yw pob un o'r rhain. I Ddyn yn unig y mae *diwylliant* yn perthyn. Dyna sy'n ei wneud yn wahanol i anifeiliaid gwyllt. Rhywbeth y mae dyn yn ei wneud i anifail unigol yw "dofi". Byddai'n digwydd, er enghraifft, rhwng un o blant llwyth o helwyr a chyw blaidd a fyddai'n dod yn agosach at y tân na gweddill ei deulu. Dangosodd Konrad Lorenz sut y mae anifail ifanc yn gallu "mabwysiadu" meistr neu feistres dynol, a'r person hwnnw yn ei anwesu fel plentyn.

Cyfuniad o brosesau biolegol, cymdeithasol ac ecolegol yw hyweddu neu ddofedu. Mae'n digwydd dros genedlaethau o ganlyniad i fridio anifeiliaid "dof". Doedd hi ddim yn broses fwriadol o angenrheidrwydd. Ai hap, cynllun, neu gyfuniad o'r ddau oedd yn gyfrifol am droi blaidd yn bŵdl? Mae'r anifeiliaid rydyn ni'n

eu dewis yn gwmni i ni, neu i weithio i ni, yn rhan o'n "diwylliant".

Dydy dynion ddim wedi dofedu anifeiliaid a phlanhigion ers llawer mwy na deng mil o flynyddoedd, cwta un rhan o gant o'r cyfnod y mae hominidau wedi byw ar y ddaear. Digwyddodd y broses yn Yr Hen Fyd (Affrica ac Asia) mewn tri chyfnod. Y cyfnod cyntaf oedd cyfnod diwyllio'r blaidd i greu ci gan helwyr. Yn yr ail gyfnod cafodd yr *awrocs*, y baedd gwyllt, y *mouflon* a'r *bezoar* eu dofedu i greu'r fuwch, y mochyn, y ddafad a'r afr fel ffynonellau parod o gig neu laeth. Ymhen amser cafodd Dyn bethau eraill fel gwlân a llafur gan yr anifeiliaid hyn hefyd. Arweiniodd hynny at drydydd cyfnod o ddofedu'r ceffyl a'r camel er mwyn defnyddio eu nerth a'u stamina.

Diflannodd yr awrocs gwyllt, hynafiad y fuwch, o Brydain yn fuan ar ôl i'r ffermwyr gyrraedd, ond parhaodd yn Ewrop tan mor ddiweddar â'r ail ganrif ar bymtheg. Roedd ardaloedd hynafiaid gwyllt y fuwch, y ddafad a'r afr yn gorgyffwrdd ger "llain maethlon" Meso-potamia. Yno hefyd, ar lannau afonydd Tigris ac Ewffrates, y cafodd math o wenith ei blannu am y tro

GEIRFA	
man cyfarfod	meeting place
cyd-ddigwyddiad	coincidence
tebygrwydd (tebyg)	similarity (like)
dofi	to tame
hyweddu, dofedu	to domesticate
diwyllio	to civilize
(di + gwyllt (wild))	
llwyth	tribe
cyw blaidd	wolf cub
mabwysiadu	to adopt
anwesu	to fondle
cyfuniad	combination
cymdeithasol	social
o ganlyniad i	as a result of
bwriadol	intentional
o angenrheidrwydd	necessarily
hap	chance
cwta un rhan o gant	hardly a hundredth part
baedd	boar
llafur	labour
nerth	strength
hynafiad	ancestor
gorgyffwrdd	to overlap

G E I R F A

llestri pridd	earthenware pots
ŷd	corn
treulio	to digest
uwd	porridge
hŷn	older
diddyfnu	to wean
ail-feichiogi	to become pregnant again
cynyddu	to increase
cyflwr	condition
lloches	refuge
ymyrraeth	interference
hwsmona	to husband
godro	to milk
geirwon (garw)	rough (plural)
saim	fat
niferus	numerous
rhywogaeth	species
Cantre'r Gwaelod	yn yr hen stori, teyrnas a gafodd ei boddi dan y môr oedd Cantre'r Gwaelod
gwastadedd	plain, flat land
dadmer	to thaw, to melt
ynysu	to insulate, to cut off
mewnlifiad	inward migration

cyntaf.

Yn fwy na dim arall bron, ein bwyd, a'n ffordd o'i baratoi, sy'n ein cysylltu ni i gyd â'n hamgylchedd. Yn ôl yn y cyfnod Neolithig cafodd y *math* o fwyd, a'r *ffordd* o'i baratoi, effaith fawr ar fywyd. Mewn llestri pridd roedd pobl yn gallu coginio ŷd, ac felly ei dreulio'n haws fel uwd. Felly roedd pobl yn gallu byw yn hŷn ac roedd yn bosibl i famau ddiddyfnu eu plant yn gynt. Roedd mamau felly yn rhydd i ail-feichiogi yn gynt ar ôl cael plentyn, ac felly cynyddodd y boblogaeth.

Y ddafad Soay ydy'r agosaf at ddefaid gwreiddiol yr Oes Neolithig. Aethon nhw'n ôl i'w cyflwr gwyllt (neu "fferal") ar Ynys Soay (un o ynysoedd bach archipelago St. Kilda) lle cawson nhw loches i fridio a magu heb ymyrraeth gan ddyn am ganrifoedd. Aeth yr afr yn ôl i'r cyflwr gwyllt yma yng Nghymru yn fwy diweddar. Ond fel y mae'r hen gân yn awgrymu, efallai bod yr afr wedi cael ei hwsmona a'i godro fel anifail hanner gwyllt yn ei chynefin o'r dechrau.

> Oes gafr eto? Oes heb ei godro,
> Ar y creigiau geirwon
> Mae'r hen afr yn crwydro. . .

Fel anifail wedi ei ddofedu, roedd yr afr yn bwysig dros ben yn yr ucheldir. Gallai droi porfa wael ac anodd ei chyrraedd ar y llechweddau yn gig (bwyd), saim (golau) a llaeth (diod). Cafodd ei galw yn "fuwch y dyn tlawd". Heddiw mae'r afr fferal yn crwydro llechweddau Eryri, dyffryn Ogwen a mynyddoedd y Rhinogydd.

Beth bynnag oedd effaith amaethyddiaeth ar Ddyn a'i amgylchedd, mae un peth yn sicr – daeth pobl yn fwy niferus. Roedd hyn oherwydd bod y ffermwr yn gallu cyfeirio mwy o ynni'r haul trwy ei boblogaeth ei hun na thrwy boblogaeth yr un rhywogaeth arall.

Cantre'r Gwaelod

Cyn y trydydd mileniwm cyn Crist roedd "Ynys" Prydain yn sownd wrth gyfandir Ewrop, a Bae Ceredigion yn wastadedd eang o goed. Bu dynion yn hela a physgota ar y tir yma ers canrifoedd. Pan oedd pobl Neolithig yn dechrau ffermio yng Nghymru, roedd lefel y môr yn codi'n raddol wrth i'r rhewlif gogleddol ddadmer yn araf. Yn raddol cafodd Prydain ei hynysu a chafodd y drws ei gau ar unrhyw fewnlifiad naturiol pellach o

"Coed Cantre'r Gwaelod" – olion yr hen dir sydd bellach "o dan y môr a'i donnau" ym Mae Ceredigion (Duncan Brown)

blanhigion ac anifeiliaid o'r cyfandir. Mae'n ddiddorol mai yn ardal Dover y caeodd y drws ac mai gair Cymraeg ydy "Dover", yn golygu *dwfr* neu "ddŵr"!

Do, pan gododd lefel y môr, gan foddi coed pin "Cantre'r Gwaelod", cafodd y fasarnen a'r gwningen eu rhwystro rhag mewnfudo yma gan gulfor Dover. Daeth y ddau yma yn gyfarwydd i ni ganrifoedd yn ddiweddarach, wrth gwrs. Gallwch weld bonion "Coed Cantre'r Gwaelod" ar draeth y Borth hyd heddiw.

Llwyddodd llawer o goed eraill i'n cyrraedd, ond ni lwyddodd pob un i wladychu Cymru gyfan. Roedd yr hinsawdd yng ngogledd Cymru, er enghraifft, yn anaddas i'r ffawydden a dangosodd William Linnard o'r Amgueddfa Genedlaethol yng Nghaerdydd ledaeniad naturiol y goeden hon yng Nghymru. Nid tystiolaeth y paill yw'r unig beth sy'n profi hyn. Gwelodd Linnard mai yn ne-ddwyrain Cymru yn unig y mae enwau lleoedd gyda'r elfen *ffawydd*

29

ynddyn nhw. Daeth yr enwau hyn i fod, wrth gwrs, ymhell ar ôl i'r goeden ffawydd ymsefydlu yma am y tro cyntaf. Erbyn heddiw mae'r ffawydd yn tyfu ar hyd ac ar led Cymru.

Datblygiad rhyfeddol yn yr Oes Efydd oedd y gallu i gyfuno copr ac alcam (tun) tawdd i wneud efydd. Mae'n rhaid bod y gallu hwn wedi datblygu yn wreiddiol mewn ardal lle roedd y ddau fetel i'w cael gyda'i gilydd. Yn yr un ffordd, roedd haearn, coed, calch a glo i'w cael gyda'i gilydd yng nghymoedd y de a dyma arweiniodd at y Chwyldro Diwydiannol mewn oes ddiweddarach.

Un ffynhonnell o gopr i bobl yr Oes Efydd oedd Y Gogarth, Llandudno, ond roedd rhaid cario alcam o Gernyw

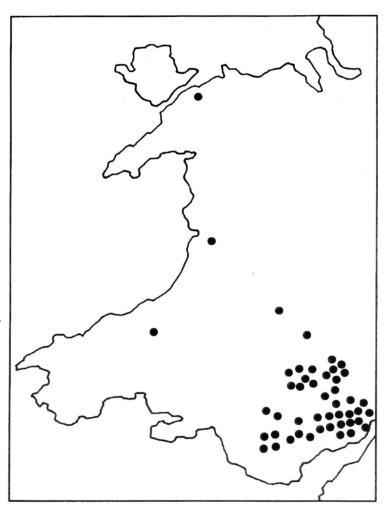

Lledaeniad enwau llefydd sy'n cynnwys y geiriau "ffawydd", "ffawydden", "ffawyddog". Mae'r rhai yn y gogledd a'r gorllewin yn fwy diweddar. (Yn ôl Welsh Woods and Forests, Linnard, 1982, Amgueddfa Genedlaethol Cymru)

neu Iwerddon i Gymru i wneud celfi a chreiriau efydd. Y môr oedd yn cysylltu'r llefydd hyn. Roedd môr-heolydd masnach rhwng holl wledydd y gorllewin. Roedd y moroedd o gwmpas penrhynnau fel Land's End yn beryglus, felly roedd y llwybrau masnach yn croesi penrhyn Cernyw ar hyd dyffrynnoedd afonydd Fowey a Camel gan basio'n gyfleus heibio i'r cloddfeydd tun. Ystyr *Fowey* gyda llaw yw *ffawydd*.

Roedd yr Oes Efydd yn arbennig hefyd am ei hinsawdd. Dyma gyfnod yr Optimwm Hinsoddol, cyfnod o dywydd tebyg i dywydd canol cyfandir Ewrop heddiw. Dyna'r hinsawdd orau i amaethyddiaeth – ac felly i ddynion yn gyffredinol – ers Oes yr Iâ. Cododd y lefel tir-âr i'r mynydd am gyfnodau. Byth ers hynny, mae'r hinsawdd wedi bod yn mynd yn llai ffafriol i amaethyddiaeth.

Bwgan y Llyn Du

Tua phum canrif cyn Crist, mewn cors o'r enw Lindow Moss yn ardal Wilmslow, swydd Gaer heddiw, cafodd dyn ei daro â bwyell yn ei gefn tra'n penlinio yn y mwd. Cafodd wedyn ei grogi â chortyn. Ai cosb am ryw bechod, neu aberth i dduwiau *"na ŵyr neb amdanynt nawr"* oedd hyn? Rhagflaenydd y Gymraeg oedd iaith y dyn hwn, a "llyn du" yw ystyr Lindow. Mae cof am sawl "llyn du" yng ngwledydd y gorllewin – Dulyn, prifddinas Iwerddon yw'r enwocaf. (Mae Blackpool yn enwog hefyd!) Cafodd corff y cyfaill o Lindow ei gadw yn y gors fel nionyn mewn finag tan 1984 ac mae cynnwys ei stumog, a chynnwys y mawn o'i gwmpas, yn dweud llawer am ei ffordd o fyw (ac o farw!), ac am ei amgylchedd.

Diolch i'r dechneg o ddadansoddi paill yn y mawn, rydyn ni'n gwybod bod Dyn Lindow wedi marw mewn cyfnod o newid mawr yn y tir. Roedd y fforestydd naturiol yn cael eu clirio'n gyflym i greu tir amaethyddol. Rydyn ni'n gwybod hefyd bod y dyn yma wedi bwyta bara fel rhan o'i bryd olaf.

Roedd olion yn y bara yn awgrymu mai bara gwenith roedd y dyn wedi ei fwyta. Dyma'r dystiolaeth gynharaf o bobi bara yn ein hanes. Mae'n rhaid bod y blawd a gafodd ei ddefnyddio i wneud y bara yn gymysgedd o blanhigion eraill fel blodau'r domen. Mae'r rhain yn "chwyn" cyfarwydd i ni heddiw yn ein gerddi. Er bod "Cae Rhyg" yn enw cyffredin ar rai o gaeau

GEIRFA

môr-heolydd	sea-routes
masnach	trade
penrhyn(nau)	peninsula(s)
cyfleus	convenient
cloddfa (cloddfeydd)	mine(s)
hinsawdd	climate
Optimwm Hinsoddol	Climatic Optimum
tir-âr	ploughland
byth ers hynny	ever since (then)
ffafriol	favourable
bwgan	bogey
Swydd Gaer	Cheshire
bwyell	axe
penlinio	to kneel
crogi	to hang
cortyn	rope
pechod	sin
aberth	sacrifice
"duwiau na ŵyr neb amdanynt nawr"	lit., gods whom no one knows about now, i.e. of whom we now know nothing (geiriau Waldo Williams)
rhagflaenydd	forerunner
nionyn	onion
finag	vinegar
cynnwys	contents
dadansoddi	to analyse
ôl (olion)	trace(s)
gwenith	wheat
pobi	to bake
blawd	flour
blodau'r domen	fat-hen (a common weed)
rhyg	rye

breichrwy	armlet
llwynog	fox
uchelwydd	mistletoe
cynrychioli	to represent
ffrwythlondeb	fertility
aberth	sacrifice
dienyddiad	execution
derwydd(on)	druid(s)
offeiriad (-iaid)	priest(s)
cryman	sickle
arwyddocâd	significance
bythol-wyrdd	ever-green
celyn	holly
eiddew	ivy
llwyth(au)	tribes
cefn gaeaf	mid-winter
moel	bare
llwm	bleak
a gafwyd	which was found
treisiol	violent
arswydus	horrific

Cymru o'r Oesoedd Canol ymlaen, y Rhufeiniaid ddaeth â'r cnwd yma i Gymru.

Roedd Dyn Lindow yn gwisgo breichrwy o groen llwynog, ac yn ei stumog roedd olion paill yr uchelwydd. Roedd y planhigyn yma yn cynrychioli ffrwythlondeb i'r hen baganiaid. Ai rhyw fath o aberth i'r duwiau oedd dienyddiad y cyfaill o'r Llyn Du? Roedd yr hen baganiaid yn cysylltu'r uchelwydd ag Alban Arthan, diwrnod byrraf y flwyddyn. Soniodd y Rhufeiniwr Pliny am bwysigrwydd ffrwythau gwyn yr uchelwydd i'r derwyddon, yn enwedig pan oedden nhw'n tyfu ar y dderwen. Mae'n sôn hefyd bod yr offeiriaid hyn yn defnyddio cryman aur i dorri'r uchelwydd o'r goeden.

Roedd arwyddocâd mawr i ddail bythol-wyrdd yr uchelwydd, y celyn a'r eiddew. Roedden nhw'n arwydd o'r ffrwythlondeb eto i ddod. Yn sicr roedd y tir i'r llwythau Celtaidd gefn gaeaf yn lle moel, llwm a llawn anobaith, a'r tri phlanhigyn yma oedd yr unig arwyddion fod bywyd yn dal yn y tir.

Dydy darganfod corff mewn cors ddim yn beth newydd, hyd yn oed yng Nghymru. Disgrifiodd Gwallter Mechain, er enghraifft, un corff a gafwyd mewn cors yn Nolfawr Fair, Ceredigion yn 1811 wrth i'r perchennog dorri mawn. Doedd dim pen ar y corff hwn, sy'n awgrymu bod y dyn wedi dioddef marwolaeth dreisiol. Parhaodd atgof o ddefodau arswydus y corsydd-du yn ein hiaith hyd heddiw. Mae geiriau fel *bwgan* a *bogey* yn dod o'r gair "bog".

5. TYSTIOLAETH Y GAIR

Tua'r amser roedd y cyfaill anffodus o Lindow yn mynd i'w fedd corsiog, roedd byd ei gyd-Geltiaid ar fin cael ei chwyldroi gan fewnlifiad pwerus ac estron. Ymhen pedwar can mlynedd byddai iaith, diwylliant, a threfn gymdeithasol y llwythau brodorol wedi cael eu newid yn llwyr. Roedd y Rhufeiniaid yn credu mai'r bywyd dinesig oedd yr unig fywyd gwâr, agwedd sy'n parhau hyd heddiw, yn enwedig ymysg pobl y dinasoedd!

Ar ôl i demlau, basilicau, baddondai, fforymau, ac ystafelloedd moethus dinas Rufeinig Caer-went gael eu dinistrio, ni fu na dinas na thref yng Nghymru am hanner mileniwm a mwy. Gan nad oedd dim trefi, bach iawn oedd effaith yr Ymerodraeth Rufeinig ar fywyd trefol y Cymry. Faint o effaith mewn difri gafodd y bywyd Rhufeinig ar bobl cefn-gwlad, ac ar yr anifeiliaid a'r planhigion dof a gwyllt a fu'n cyd-fyw â nhw?

Datblygodd y Rhufeiniaid rwydwaith o ffyrdd i'w helpu i reoli. Roedd mwynau crai Cymru, fel copr a phlwm, yn werthfawr iawn. Ond pa mor bwysig oedd amaethyddiaeth y Brythoniaid iddyn nhw? Mae rhai'n credu bod eu hamaethyddiaeth yn aeddfed ac effeithiol, ond yn ôl pobl eraill roedd y safon yn ddigon ffwrdd-â-hi. Gallwn ddiolch i'r Rhufeiniaid am ddod â'r ffesant a'r carw danas yma, fel addurn ac fel anifail i'w hela.

Doedd y Rhufeiniaid ddim yn enwog am eu gallu fel morwyr, a dyma un rheswm pam y methon nhw drechu'r Gwyddelod ar eu tir eu hunain. Pan syrthiodd Ymerodraeth Rhufain o'r diwedd, a phan adawodd ei llengoedd Gymru, unwaith eto dechreuodd pobl y gorllewin gysylltu â'i gilydd ar draws y môr, yn enwedig yn wyneb pwysau'r Sacsoniaid o'r dwyrain.

Rhosydd, llennyrch a grug

O'r môr a'r gorllewin y daeth cenhadon Cristionogaeth gyda'r neges a'r ysbrydoliaeth yr oedd mawr angen amdanyn nhw. Mae eglwysi wedi eu cysegru i saint y cyfnod ar draws y byd Celtaidd, o Lydaw i Gernyw, o dde Cymru i Fôn ac o Fôn i Ystrad-clud. Cyrhaeddodd rhai o'r Cristionogion cynnar hyn mor bell â Gwlad yr Iâ. Coridor, nid maen tramgwydd, oedd y môr Celtaidd i'r bobl hyn. Oedden nhw'n defnyddio'r

GEIRFA	
corsiog	marshy
cyd-Geltiaid	fellow Celts
ar fin chwyldroi	on the point of, about to revolutionize, to overturn
estron	foreign
trefn gymdeithasol	social order
llwyth(au)	tribe(s)
brodorol	native
dinesig	civic, pertaining to cities
gwâr	civilized
agwedd	attitude
teml(au)	temple(s)
baddondy (-dai)	public baths
moethus	luxurious
na dinas na thref	neither city nor town
Ymerodraeth	Empire
cyd-fyw	to co-habit
rhwydwaith	network
mwynau crai	ores
mwynau	minerals
plwm	lead
aeddfed	mature
ffwrdd-â-hi	lackadaisical
carw danas	fallow deer
addurn	decoration
trechu	to defeat
Gwyddelod	the Irish
lleng(oedd)	legion(s)
pwysau	pressure
Sacsoniaid	Saxons
dwyrain	east
llannerch (llennyrch)	clearing(s), glade(s)
cenhadwr (cenhadon)	missionary (-ies)
gobeithiol	hopeful
ysbrydoliaeth	inspiration
cysegru	to consecrate
Llydaw	Britanny
Cernyw	Cornwall
Ystrad-clud	Strathclyde
Gwlad yr Iâ	Iceland
maen tramgwydd	stumbling block

GEIRFA

rhagflaenydd (-wyr)	forerunner(s)
ymosodiad(au)	attack(s)
aildrefnu	to reorganise
ymledu	to spread out
rhostir(oedd)	heath(s), moor(s)
eithin	gorse
grug	heather
tylluan	owl
difa	to destroy
tyfiant	growth
addoldy	place of worship
(addoli + tŷ)	(to worship + house)
gwneud y tro	adequate
para	to last
elfen(nau)	element(s)
gogoneddus	glorious
ai am mai ...	is it because ...
dieithr	strange, unfamiliar
Gaeleg	Gaelic
Gwyddeleg	Irish (language)
cof	memory
cofnod(ion)	record(s)
hwiangerdd	lullaby
suo-ganu	to sing a lullaby
hela	to hunt
pais	smock

môr am eu bod nhw'n forwyr gwell na'u rhagflaenwyr, neu am fod hinsawdd yr Oesoedd Canol cynnar yn fwy ffafriol i fôr-deithiau, neu oherwydd yr ymosodiadau o'r dwyrain?

Mae'r holl enwau yng Nghymru heddiw sy'n dechrau â *Llan-* yn mynd yn ôl i gyfnod yr Eglwys Geltaidd. Cymerodd amser i'r bobl aildrefnu eu cymdeithas ar ôl i'r Rhufeiniaid adael a dechreuodd coed ymledu eto. Erbyn hyn roedd y rhan fwyaf o bobl yn byw ar y rhostiroedd, sef y llefydd mwyaf sych oedd ddim yn rhy uchel uwchben y môr, a lle roedd eithin a grug yn tyfu yn well na choed. Pobl y *llennyrch*, y *rhostiroedd* (*heaths* lle mae'r grug neu'r *heather* yn tyfu), oedd y rhain. Yr "*heathen*" di-grefydd oedden nhw, a nhw gafodd neges obeithiol Sant Cadog, Sant Pedrog ac eraill tebyg a ddaeth o'r de.

Fe gododd ac fe gwympodd coed Cymru lawer o weithiau yn ystod ei hanes, fel y dywedodd tylluan Cwm Cawlyd yn hanes Culhwch ac Olwen:

> Pan ddes i yma gyntaf roedd y cwm mawr a welwch yn ddyffryn o goed. Ac fe ddaeth cenhedlaeth o ddynion iddo a'u difa. Ac fe dyfodd ynddo ail dyfiant coed, a hwn yw'r trydydd tyfiant.

Llannerch, neu fwlch yn y coed, oedd y "llan" gyntaf. Yn y llan y cafodd yr eglwys ei chodi, o gerrig temlau'r hen dduwiau Celtaidd, neu gerrig o'r rhewlifoedd gynt. Roedd carreg yn ardderchog ar gyfer addoldy ond roedd coed yn gwneud y tro i'r tai cyffredin. Dyna pam y mae rhai o eglwysi'r oes wedi para hyd heddiw, ond nid y tai. Cawn yr elfen *lan* neu *llan* mewn enwau o Lydaw i Ystrad-clud – o Landevenek i Lannark! Yn ôl yng Nghymru mae'r enw ecolegol gogoneddus *Rhosllannerch-rugog* yn dweud y cyfan!

Y goleuni

Rydyn ni'n dysgu yn yr ysgol am "Yr Oesoedd Tywyll". Pam "tywyll"? Ai am mai mewn ieithoedd dieithr i Saeson – sef y Gymraeg, yr Aeleg a'r Wyddeleg – y mae'r cof am yr oesoedd hyn? Mae un o'r cofnodion natur mwyaf cynnar mewn hwiangerdd hyfryd o'r seithfed ganrif. Mam sydd yma'n suo-ganu i'w merch fach Dinogad tra'n aros i'r tad ddod yn ôl o hela.

> Pais Dinogad, fraith fraith,
> O grwyn balaod ban wraith:
> Chwid, chwid, chwidogaith,

Gochanwn, gochenyn wythgaith.
Pan elai dy dad di i heliaw,
Llath ar ei ysgwydd, llory yn ei law,
Ef gelwi gŵn gogyhwg -
"Giff, gaff; daly, daly, dwg, dwg."
Ef lleddi bysg yng nghorwg
Mal ban lladd llew llywiwg.
Pan elai dy dad di i fynydd,
Dyddygai ef pen iwrch, pen gwythwch,
pen hydd,
Pen grugiar fraith o fynydd,
Pen pysg o Raeadr Derwennydd.
O'r sawl yd gyrhaeddai dy dad di â'i
gigwain
O wythwch a llewyn a llwynain
Nid angai oll ni fai oradain.

Dyma gyfieithiad ardderchog Anthony
Conran o'r gerdd:

Dinogad's smock is pied, pied -
Made it out of marten hide.
Whit, whit, whistle along,
Eight slaves with you sing the song.

When your dad went to hunt,
Spear on his shoulder, cudgel in hand,
He called his quick dogs, "Giff, you
wretch,
Gaff, catch her, catch her, fetch, fetch!"

From a coracle he'd spear
Fish as a lion strikes a deer.
When your dad went to the crag
He brought down roebuck, boar and
stag,
Speckled grouse from the mountain
tall,
Fish from Derwent waterfall.

Whatever your dad found with his
spear,
Boar or wild cat, fox or deer,
Unless it flew, would never get clear.

Dim byd *tywyll* am y gân fach hon!
Mae enwau deg anifail ynddi. Nid o
Gymru y daeth y gân, ond o Cumbria
yn yr Hen Ogledd (hen dir y Brython-
iaid yng Ngogledd Prydain) – Cum-
bria oedd calon hen deyrnas Rheged.
Ardal o goed derw oedd y
Derwennydd mae'n siŵr, fel mae'r
enw yn ei awgrymu – "Derwent
Water", efallai. Mae'r gân yn sôn am
anifeiliaid sy'n weddol gyffredin yng
Nghymru o hyd, fel y grugiar goch.
Aeth hon yn fwy prin yn ddiweddar
achos ei bod wedi colli cymaint o'i
chynefin grugog i wellt glas yn dilyn
polisïau gwella tir-mynydd y Gymuned
Ewropeaidd. Ond stori ein hoes ni yw
honno!

Mae'r gân yn sôn hefyd am y bele
(neu'r gath-goed). Mae hwn "yma o
hyd" mewn rhai ardaloedd ond yn
brin iawn erbyn hyn; mae'r baedd
gwyllt wedi marw o'r tir. Er bod yr
iwrch wedi diflannu o Gymru, mae
posibilrwydd cryf y bydd yn dod yn ôl

GEIRFA

y bele (belaod)	pine marten
teyrnas	kingdom
grugiar	grouse
cynefin	habitat
grugog	heathery
gwellt glas	green grass
baedd	boar
iwrch	roebuck

GEIRFA

Clawdd Offa	Offa's Dyke
gwneud difrod	to damage
corn (cyrn)	horn(s)
Rhufein-Frythonig	Romano-British
tyddyn(nod)	small farm(s), smallholding(s)
boneddigion	gentry
defod	ritual
tyllu	to dig
mochyn daear	badger
ar gyrion	on the outskirts
gweithgaredd(au)	activity (-ies)
atgof	memory
hambygio	to ill-treat
llai anrhydeddus	less honourable
cyn-deidiau	forefathers
(cyn + taid)	
hawlio	to claim
blingo	to skin
bytheiaid	hounds
dolef	cry, wail
arswyd	terror
uchel-ael	high-class, high-brow
dyfrgi (dyfrgwn)	otter(s)
dyled(ion)	debt(s)
arferiad	custom
y werin	the populace, ordinary folk

gan ei fod yn gyffredin mewn coedwigoedd addas dros Glawdd Offa. Oherwydd ei fod yn gwneud difrod i goed bach, fydd o ddim yn cael croeso gan bawb!

Mae pobl wedi dod o hyd i gyrn iwrch yn y pentref Rhufein-Frythonig Din Lligwy ym Môn. Mae Din Lligwy yn weddol agos at *Cefn Iwrch*, un o'r nifer fawr o dyddynnod neu fryniau sy'n cynnwys enw yr anifail hwn. Cwestiwn arall ydy sut y daeth pobl y cyfnod hwn i wybod am lewod – symbol Rhufeinig neu Gristionogol efallai. Y llew oedd symbol Sant Marc yn Llyfr Kells Iwerddon.

Ymhen amser daeth hela yn fwy o seremoni na dim arall. Mae edrych ar griw o helwyr yn eu cotiau cochion yn dangos hynny. Ond does gan y boneddigion hyn ddim monopoli ar y ddefod o hela. Yn ôl rhai, mae'r arfer o dyllu am fochyn daear, a'i osod o flaen cŵn, yn cynyddu, yn enwedig ar gyrion y trefi mawr. Mae hwn yn un o weithgareddau pobl wahanol iawn. Mae atgof amdano yn hanes Pwyll yn y "Mabinogi", sef *chwarae broch yng nghod*. Dyma'r arfer o roi'r *broch* (neu'r mochyn daear) mewn sach a'i hambygio'n gyhoeddus (un o draddodiadau llai anrhydeddus ein

cyn-deidiau!).

Yn ôl Thomas Pennant yn y ddeunawfed ganrif (18g), roedd yr hen Gymry'n hela mewn tair ffordd. Yn yr *Helfa Gyffredin* roedd person cyffredin yn gallu hawlio rhan o gorff y carw cyn ei flingo. Yr arth oedd un o'r anifeiliaid yr oedd cŵn – bytheiaid – yn eu dal yn yr *Helfa Gyfarthfa*. Yn yr *Helfa Ddolef* roedd pobl yn rhedeg dan weiddi a sgrechian gyda'u cŵn, a chodi arswyd ar iwrch neu garw arall.

Arferion uchel-ael yw llawer o arferion hela ein hoes ni, yn enwedig hela'r llwynog, (neu'r dyfrgi tan yn ddiweddar), ar gefn ceffyl. Cododd y Tywysog Llywelyn dreth ar ei ddenantiaid ym Môn am gostau cario ei fytheiaid dyfrgwn o lys i lys wrth iddo gasglu dyledion. Mae byd y cotiau cochion yn gyfreithlon o hyd ond erbyn hyn mae'r fersiwn modern o "chwarae broch" yn anghyfreithlon. Arferiad y werin gyffredin yw hwnnw!

Trwy lygaid y llygod

Dydy'r gân i'r ferch Dinogad ddim yn sôn am lygod. Ond mae cysylltiad agos rhwng llygod a ni, felly maen nhw'n dweud llawer wrthon ni am ein gorffennol. Mae astudiaethau genetig manwl o lygod-y-maes Ynysoedd y Gorllewin wedi dangos pa lwybrau a gymerodd y Llychlynwyr ar hyd glannau'r gorllewin o Sgandinafia trwy eu cadarnle ar Ynysoedd Erch a Shetland.

Er bod llygod ynysoedd gorllewin yr Alban yn edrych yn debyg i'w gilydd, mae eu natur genetig yn dangos bod rhai yn dod yn wreiddiol o Norwy. Cawson nhw eu cario i ynysoedd fel Ynys Cilda Sant ar longau ac yng ngwelyau gwellt y Llychlynwyr. Llygod tir mawr yr Alban oedd hynafiaid y llygod ar yr Ynysoedd Heledd eraill.

Dydyn ni ddim yn gwybod eto ydy llygod yr ynysoedd yng Nghymru fel *Bardsey* (Enlli), *Anglesey* (Môn) a *Caldey* (Ynys Bur), yn perthyn i lygod Norwy ai peidio, ond yn sicr, i'r wlad honno mae enwau *"Saesneg"* yr ynysoedd hyn yn perthyn. Ystyr *Skokholm* yw "yr ynys goediog", ystyr *Ramsey* yw "yr ynys lle mae craf neu arlleg gwyllt yn tyfu" (arwydd ei bod hi hefyd yn ynys goediog ar un adeg).

Pa olion sy'n ein diwylliant, iaith, hanes a hyd yn oed ein geneteg, ar ôl y bobl hyn? Mae Gwyddelod yr un cyfnod wedi gadael eu hôl yma, yn enwedig ym Mhenrhyn Llŷn, Penfro a Brycheiniog. Mae'r enw Llŷn (neu Lleyn) yn dod o enw hen dalaith Leinster.

Roedd Hywel Dda, brenin cyntaf Cymru "gyfan" hefyd yn poeni am lygod. Roedd o'n poeni nid yn gymaint am lygod-y-maes ond am lygod bach y tŷ, sy wedi bod yn rhan o gymdeithas Dyn ers y cyfnod Neolithig. Roedden nhw'n dibynnu'n llwyr ar sbarion byrddau-bwyd a storfeydd ŷd cymdeithas. Yn ôl deddfau Hywel roedd unrhyw berson a oedd yn lladd y gath a oedd yn hela llygod Arglwydd y Llys mewn trafferth! Y gosb oedd dirwy o ddigon o ŷd i gladdu corff y gath a hithau'n crogi gerfydd ei chynffon a'i thrwyn yn cyffwrdd y ddaear! Mae hyn yn dangos hefyd bod tyfu cnydau mor bwysig â magu da-byw yn economi gwlad y Brenin Hywel.

Efallai ein bod ni'n credu bod deddfau Hywel yn rhai o'r mwyaf goleuedig yn Ewrop yn eu dydd, ond fasai'r llygod bach ddim yn cytuno! Mae'n ddiddorol ein hatgoffa ein hunain bod yr anifail bach yma yn ei ffordd yn dibynnu cymaint ar ddyn â'r gath neu'r fuwch neu'r ddafad.

GEIRFA	
manwl	detailed
llygod-y-maes	field mice
Ynysoedd y Gorllewin	Western Isles
llwybrau	paths, routes
Llychlynwyr	Vikings
glannau'r gorllewin	western coasts
cadarnle	stronghold
Ynysoedd Erch	Orkneys
Ynys Cilda Sant	Island of St.Kilda
gwellt	straw
tir mawr	mainland
hynafiaid	ancestors
Ynysoedd Heledd	Hebrides
ai peidio	or not
coediog	wooded
craf neu arlleg gwyllt	wild garlic, ramsons
talaith	province
nid yn gymaint	not so much
llygod bach y tŷ	house mice
sbarion	scraps
storfeydd ŷd	corn stores
llys	court
dirwy	fine
claddu	to bury
a hithau'n crogi	while she (it) was hanging
gerfydd ei chynffon	by her (its) tail
da-byw	livestock
goleuedig	enlightened
atgoffa	to remind

G E I R F A

bro a blaenau	*vale and uplands*
ceirch	*oats*
cynnyrch hanfodol	*essential produce*
trawstrefa	*transhumance*
yr hafod a'r hendre	*summer and winter residences*
manteisio ar	*to take advantage of*
porfeydd	*pastures*
greddf	*instinct*
hanfod	*essence*
"gellir dirnad undod hanfodol rhwng bro a blaenau"	*one can detect an essential unity between vale and uplands*
llethrog	*sloping*
tystio	*to be witness to*
Calan Mai	*first of May, first day of summer*
Calan Gaeaf	*November the first, first day of winter*
o dras Lychlynnaidd	*of Viking descent*
goresgyn	*to conquer*
gwasaidd	*servile*
darostyngedig	*subjected*
afanc(od)	*beaver(s)*
anghenfil chwedlonol	*mythological beast*
rhag ofn	*in case*
gorlifo	*to overflow*
llifogydd	*floods*
cyfarwydd	*familiar*

Rhwng bro a blaenau

Ceirch a gwenith, a rhyg [rye] erbyn hyn, oedd rhai o gynhyrchion hanfodol cymdeithasau amaethyddol yr Oesoedd Canol. Patrwm arferol ffermio gwartheg oedd trawstrefa rhwng yr hafod (yn yr haf) a'r hendre (yn y gaeaf). Mae dwy ffordd o edrych ar y trawstrefa yma – pobl yn arwain eu hanifeiliaid i'r tir uchel er mwyn manteisio ar y porfeydd yn yr haf, neu'r anifeiliaid yn dilyn eu greddf naturiol ac yn "arwain" y bobl yno. Beth bynnag oedd hanfod y drefn hon, fel y dywedodd y Dr John Davies yn ei lyfr *Hanes Cymru*, "gellir dirnad undod hanfodol rhwng bro a blaenau" yng Nghymru y cyfnod hwn. Mae *Arllechwedd* (Ar + llechwedd), hen enw canoloesol ar y fro lethrog rhwng afonydd Ogwen a Chonwy, yn tystio i'r undod hwn. Gŵyl Calan Mai oedd yr amser i symud yr anifeiliaid i fyny i'r mynydd, a Chalan Gaeaf i ddod â nhw yn ôl.

Pobl o dras Lychlynnaidd oedd Normaniaid gogledd Ffrainc a oresgynnodd y Saeson yn 1066. Doedd Cymry-Normanaidd fel Gerallt Gymro ddim yn meddwl llawer o'r werin Gymreig feddw a gwasaidd a

fu'n ddarostyngedig i'r Normaniaid.

Ar ei daith trwy Gymru yn y flwyddyn 1188 gwelodd Gerallt rai o afancod olaf y wlad ar Afon Teifi. Roedd yr anifeiliaid hyn angen fforestydd enfawr i fyw, ac felly roedd eu prinder yn arwydd arall bod yr hen goedwigoedd yn diflannu. Roedd yr afanc hefyd yn anghenfil chwedlonol a oedd yn byw mewn llynnoedd. Yn ôl yr hen hanes, cafodd ei lusgo o Lyn yr Afanc (Gwynedd) gan yr Ychen Bannog rhag ofn i'r llyn orlifo. Efallai bod yr hanes yn rhan o gof gwerin am lifogydd a oedd yn digwydd pan fyddai argaeau'r afanc yn torri. Enw arall ar yr afanc (iawn) yw *llostlydan*, "anifail â chynffon lydan".

Ond os oedd yr afanc ar fin diflannu yn y ddeuddegfed ganrif (12g), roedd anifail arall, cyfarwydd iawn i ni heddiw, yn dechrau gwneud ei gartref yma am y tro cyntaf. Y Norman oedd yn gyfrifol am ddod â'r gwningen i wledydd Prydain. Yn y flwyddyn 1272 y mae'r cofnod cyntaf amdani yn Lloegr, ond ym mlwyddyn marwolaeth Llywelyn ap Gruffydd, 1282, y mae'r sôn cyntaf am y gwningen yn hanes Cymru. Talodd Richard le Forester 3s. 6d. am ddal cwningod i'r brenin – yn fwyd, nid yn

llusgo – to drag
argae – embankment

unig i'r brenin ei hun, ond i'w ffuredau hefyd!

Mae'n ddiddorol mai ar ynysoedd bach ar hyd glannau Cymru y mae llawer o'r hanes cynnar am gwningod – ynysoedd fel Tudwal, Hilbre a Sgomer. Roedd "warinoedd" cwningod tan yn ddiweddar iawn yn Niwbwrch a Harlech, er enghraifft. *Cwningar* yw enw un o brif ffermydd ardal Niwbwrch ym Môn. Soniodd John Leland tua 1540 fod Ynys Llanddwyn gerllaw yn *"veri fertile of cunnies"*. Mae'r gair hwn yn dod o'r gair *conyng* yn y Saesneg Ganol, a'r gair *cwningen* hefyd wrth gwrs. "Un sy'n tyllu neu fwyngloddio" oedd *cuniculus* i'r Rhufeiniaid. Dyna darddiad y gair *canal* hefyd. Enw ar y cwningod bach yn unig oedd *rabbit* y Saeson i ddechrau. Ond nid dyna ddiwedd hanes y gwningen yng Nghymru – o bell ffordd. . .

Yn ôl yr hen drefn Gymreig, roedd pob mab yn etifeddu rhan o dir ei dad. Effaith hyn oedd rhannu'r daliadau yn unedau llai a llai a'u gwanhau yn economaidd. Er bod olion y drefn hon wedi parhau tan hyd yn oed ar ôl y Ddeddf Uno (1536), cafodd y drefn frodorol ei thanseilio'n fuan mewn mannau gan

drefn ffiwdal y Normaniaid. Yn wir cafodd y drefn ffiwdal ei dilyn gan rai o'r uchelwyr Cymreig gan gynnwys Llywelyn Fawr ei hun. Maenorau ffiwdal o wŷr rhydd neu gaeth oedd Aber-ffraw, Rhosyr ac Abergwyn-gregyn yn y drydedd ganrif ar ddeg (13g). Roedd sail y drefn hon yn Rhufeinig yn ei hanfod.

Hwsmona anifeiliaid (gwartheg yn bennaf) oedd gwaith y gwŷr rhydd, a gweithio'r tir-âr oedd y dynion caeth. Ychydig o berchenogaeth unigol oedd yn y drefn hon, felly roedd y wlad yn agored, di-glawdd a di-ffens. Roedd hi hefyd yn wlad foel, ddi-goed yn aml, a rhaid inni ddyfalu pa fywyd gwyllt oedd yn byw yn yr ardaloedd hyn ar y pryd. Ond nid y drefn gymdeithasol yn unig a benderfyn-odd ffurf y tirlun. Roedd technoleg, y cnydau a'r hinsawdd, yn effeithio ar y patrwm hefyd.

Hynt y gwynt a'r glaw

Clytwaith o gaeau a choed oedd y tirlun a greodd dyn. Roedd ei gaeau weithiau'n fawr, weithiau'n fach. Roedd eu ffurf yn dibynnu ar y defnydd ohonynt a'r dechnoleg a oedd yn cael ei defnyddio i'w trin. Yn

GEIRFA	
ffured(au)	ferret(s)
warinoedd	warrens
gerllaw	nearby
tyllu	to dig
mwyngloddio	to mine, to dig for ore
tarddiad	source
trefn	system
etifeddu	to inherit
daliadau	land-holdings
gwanhau	to weaken
ôl (olion)	trace(s), remain(s)
Deddf Uno	Act of Union
tanseilio	to undermine
uchelwyr	gentry, nobility
maenor(au)	manor(s)
gwŷr rhydd	free men
gwŷr caeth	serfs
sail	basis
yn ei hanfod	in essence
hwsmona	to husband
tir-âr	arable land
ychydig o . . . oedd	there was little . . .
perchenogaeth unigol	individual ownership
di-glawdd	without hedges
dyfalu	to guess
ffurf y tirlun	the form of the land-scape
cnwd (cnydau)	crop(s)
hynt	course
clytwaith	patchwork
trin	to tend, to cultivate

y drefn	the order
ystyllen-bridd	mould board
tywarchen	turf, sod
cwysi	furrows
bas	shallow
croes-ymgroes	criss-cross
gwedd	plough team
ych	ox
trom (trwm)	heavy
aredig	to plough
hirsgwar	oblong
dileu	to eradicate
nodweddiadol	typical
cyfres	series
cysgod(ion)	shadow(s)
blaenorol	previous
serth	steep
offer	equipment
dod i'r adwy	to save the day, to come to the rescue
rhegennod yr ŷd	corncrakes
yn eu cannoedd	by the hundred

ôl yn yr Oes Efydd er enghraifft, caeau sgwâr oedd y drefn. Y rheswm dros siâp y caeau oedd bod yr hinsawdd yn sych a'r aradr heb ystyllen-bridd (sef y pren sy'n troi'r dywarchen ar ôl ei thorri).

Roedd pobl yr Oes Efydd yn torri cwysi bas groes-ymgroes yn y caeau sgwâr gyda gwedd o ddau ych. Yn yr Oes Haearn roedd hi'n fwy gwlyb ac felly roedd rhaid draenio'r tir yn well trwy aredig yn ddyfnach. Roedd pobl yr oes honno'n defnyddio aradr drom 8-ych. Roedd hon yn aredig un ffordd yn unig, ac yn ddyfnach, mewn cae hirsgwar. Mewn rhannau o Gymru byddai'r drefn ffiwdal wedi dileu'r patrymau hyn a'u caeau nodwedd-iadol, ond mae'n debyg bod olion pob cyfnod i'w gweld mewn mannau o hyd.

Gallwn gymharu ein tirlun heddiw â thudalen o bapur gyda chyfres o luniau arni. Cafodd pob llun ei ddileu â rwber cyn cychwyn ar y llun

nesaf. Cysgodion yn unig, a chysgodion o gysgodion, sydd i'w gweld o'r patrymau blaenorol. Enw'r patrwm hwn i'r archaeolegydd yw *palimpsest.*

Mewn oes ddiweddarach o lawer cafodd y tractor ei ddylanwad ar y tirlun. Tractor oedd yn tynnu aradr mewn ffordd debyg i'r ceffyl oedd y *Fordson.* Roedd yn system wael o drin tir serth. Ond daeth y "Ffyrgi bach" a'i offer heidrolig i'r adwy ac roedd yn bosibl aredig tir uwch nag ers yr Oes Efydd.

Yng nghaeau di-glawdd yr Oesoedd Canol, roedd rhegennod yr ŷd i'w clywed yn eu cannoedd yn

Y *"Ffyrgi Bach"* – y tractor cyntaf i allu trin tir garw a serth

crecian yn y cnydau. Roedd ehedyddion yn canu uwchben pob rhos a phorfa ond ychydig o le oedd efallai i'r betrisen, sydd mor hoff o gysgod cloddiau a gwrychoedd. Ond rhaid cofio bod llawer mwy o dir gwyllt a choediog na heddiw, ac roedd y tir hwn yn lloches i fleiddiaid. Efallai bod bleiddiaid yng Nghymru tan mor hwyr â 1785 pan soniodd Robert Prys Morris am un yn cael ei ladd ym mhlwyf Dolgellau mewn lle o'r enw Ogo'r Fleiddiast (cave of the she-wolf).

Cafodd Llywelyn ap Gruffydd, y Llyw Olaf, ei ladd yng Nghilmeri yn y flwyddyn 1282. Yn ei farwnad iddo, canodd Gruffydd ab yr Ynad Coch o Dalwrn, Môn (maes ymladd ceiliogod yw talwrn) am anobaith ei bobl ar ôl marwolaeth y tywysog:

Poni welwch chwi hynt y gwynt a'r
    glaw?
Poni welwch chwi'r deri yn ymdaraw?
Poni welwch chwi'r môr yn merwinaw'r
    tir?
Poni welwch chwi'r gwir yn
    ymgweiriaw?

See you not the way of the wind and
    the rain?
See you not oak trees buffet together?
See you not the sea stinging the land?

See you not truth in turmoil?

Cyfieithiad Anthony Conran

Mae arswyd y geiriau hyn yn awgrymu mwy nag anobaith. Enw'r daearegwyr ar y cyfnod a ddaeth i ben gyda'r stormydd ofnadwy y mae Gruffydd efallai yn eu disgrifio yn y bedwaredd ganrif ar ddeg (14g) oedd "Yr Optimwm Hinsoddol Bychan" (o'i gymharu â'r "Optimwm" mwyaf yn yr Oes Efydd rydyn ni wedi sôn amdano'n barod). Cafodd rhan o hen dref Rhosyr ym Môn ei chladdu gan y tywod ar ôl un o'r stormydd hyn, a phentref yng Nghynffig (Kenfig) ger Pen-y-bont ar Ogwr hefyd.

Gyda llaw, un ystyr posib i *Rhosyr* ydy "y rhos hir". Mae'n debyg mai tir grugog ar y gefnen o graig galed sy'n rhedeg o Landdwyn i gyfeiriad y Traeth Coch yn nwyrain Môn oedd y "rhos" hon. Yn ystod Oes yr Iâ bu bron i gulfor tebyg i'r Fenai agor wrth ei hymyl, a chreu dwy ynys o Fôn. Roedd rhai yn sôn tan yn ddiweddar am "Sir Fôn Fach" a "Sir Fôn Fawr" am y tir y ddwy ochr i'r llinell hon.

Ond yn ôl at y stormydd. Arwydd oedd y rhain o newid hinsawdd a barhaodd tan ddechrau'r ganrif

GEIRFA

crecian	croaking
ehedydd(ion)	skylark(s)
petrisen	partridge
lloches	refuge
marwnad	elegy
anobaith	despair
Yr Optimwm Hinsoddol Bychan	The Little Optimum
o'i gymharu â	compared with
cefnen	ridge
bu bron i . . . agor	. . . almost opened
culfor (cul+môr)	straits, narrow sea
daearegwyr	geologists

GEIRFA

daearyddwyr	geographers
y grawnwin deheuol	the southern grapes
haidd	barley
cyfleus	convenient
naturiaethwr	naturalist
dyddiadur	diary
rhewi'n gorn	to freeze solid
Ffeiriau Iâ	Frost Fairs
delwedd	image
uchelwr	nobleman

ddiwethaf. Dyma "Oes Iâ Fechan" y daearyddwyr. Effeithiodd hyn ar ffordd pobl o fyw dros bum canrif.

Newidiodd rhai o yfed gwin (diod y grawnwin deheuol) i yfed cwrw (diod o haidd yr ardaloedd gwlyb). Yn y dyddiau cyn bod toiledau cyfleus yn y tai, ysgrifennodd Gilbert White (y naturiaethwr o Sais) yn ei ddyddiadur mor aml roedd hi'n rhewi yn y nos. Ysgrifennodd yn aml yn ei lyfr, "It froze under the bed"!

Rhewodd Afon Tafwys yn gorn dri gaeaf o bob deg ac roedd "Ffeiriau Iâ" (Frost Fairs) ar y rhew gyda

stondinau o bob math yn gwerthu gwahanol nwyddau a gwasanaethau! O'r cyfnod hwn y mae delwedd y

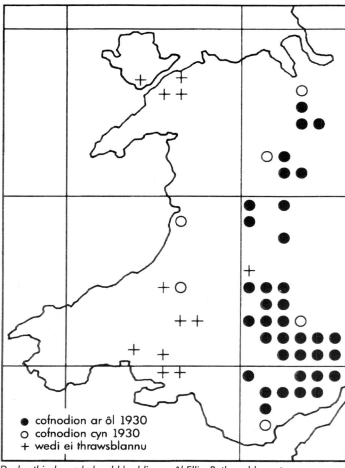

- ● cofnodion ar ôl 1930
- ○ cofnodion cyn 1930
- + wedi ei thrawsblannu

Dosbarthiad yr uchelwydd heddiw, yn ôl Ellis. Beth oedd y patrwm yn oes y Derwyddon?

Nadolig Gwyn rydyn ni'n breuddwydio amdano heddiw yn dod. Do, tynerodd yr hinsawdd unwaith eto yn ein canrif ni.

Doctoriaid y Dail

Roedd pobl yr Oesoedd Canol yn gwybod yn dda am rinweddau llysiau o bob math a datblygodd crefft – neu gelfyddyd efallai – y Doctor Dail, yn arbennig yn ardal Myddfai ger Llanymddyfri. Yno roedd y meddyg Rhys Grug yn trin ei gleifion gyda ryseitiau a oedd yn dod, rai ohonynt, o draddodiad Hippocrataidd clasurol Groeg.

Roedd y dderwen yn bwysig iawn yn nhraddodiad y derwyddon ac roedd yr uchelwydd a oedd weithiau'n tyfu arni yn werthfawr hefyd. Dydy'r uchelwydd ddim yn tyfu ar y dderwen yn aml heddiw, os o gwbl. Mae'r derwyddon yn cael eu cysylltu â Môn, ond dim ond ar goed poplys a choed afalau ar hyd y gororau y mae'r uchelwydd yn tyfu heddiw. Tybed oedd hi'n tyfu ym Môn cyn i'r ynys gael ei dinoethi o goed ganrifoedd yn ôl? Yn nhraddodiad Meddygon Dail yr Oesoedd Canol, enw'r uchelwydd oedd yr *Oll-iach*, oherwydd ei

rhinweddau meddyginiaethol rhyfeddol.

Beth bynnag oedd rhinweddau a ffaeleddau Meddygon Myddfai, does dim dwywaith eu bod yn gwerthfawrogi rhinweddau arbennig y planhigion o'u cwmpas. Dyma "wyddonwyr" yr

Bysedd y Cŵn neu Ffiol y Ffrwd – roedd Meddygon Myddfai yn eu defnyddio i wella "chwydd y mywn croth dyn", sef "tumour of the abdomen" (Duncan Brown)

GEIRFA

tyneru	to become milder
celfyddyd	art
trin cleifion	to treat patients
ryseitiau	recipes, potions
derwydd(on)	druid(s)
uchelwydd	mistletoe
coed poplys	poplar
y gororau	the Welsh Marches
dinoethi	to denude
rhinwedd(au)	virtue(s)
meddyginiaethol	medicinal
ffaeleddau	faults
gwerthfawrogi	to appreciate

G E I R F A

urddasol	dignified, stately
disgynyddion	descendants
cynnal	to sustain
a fu erioed	which ever was
cysylltiad anuniongyrchol	indirect connection
trum	skyline
grym	power
hwylio	to sail
bod y fath le yn bod	that such a place existed
hwylen	sail
yn eu plith	amongst them
gwladychu	to colonize
parhaol	permanent
dyfais	device
hwylio ar draws y gwynt	to sail across the wind
y tu hwnt i faes	beyond the scope
amgylcheddol	environmental
yn sgil	in the wake of, as the result of
nwyddau	goods
tysan	potato (yn y Gogledd)
chwyldro	revolution
Pibydd Brith	Pied Piper

Oesoedd Canol. Mae tai urddasol eu disgynyddion yn sefyll yn ardal Myddfai o hyd. Mae enwau'r tai yn urddasol hefyd, enwau fel Esgair Llaethdy a Llwyn Meredydd Feddyg.

Haul, gwynt a glo

Does dim rhaid dweud mai ynni o ryw fath sy'n cynnal pob cymdeithas ym mhobman. Ynni'r haul oedd yn cynnal amaethyddiaeth yr Oesoedd Canol, fel pob amaethyddiaeth a fu erioed. Roedd dyn a buwch yn bwyta'r cnydau a oedd yn eu tro yn dibynnu ar yr haul uwchben. Ond erbyn yr Oesoedd Canol hwyr roedd technoleg newydd yn ymddangos a dim ond cysylltiad anuniongyrchol iawn oedd rhyngddi a'r haul. Ymddangosodd melinau gwynt ar ambell drum a melin ddŵr ar lannau llawer o afonydd. Roedd y rhain yn gallu gwneud gwaith yr oedd rhaid i ddynion neu anifeiliaid ei wneud cyn hynny.

Roedd dynion wedi defnyddio grym y gwynt ers miloedd o flynyddoedd i yrru cychod a llongau. Diolch i gychod hwylio, cyrhaeddodd Asiaid y "Byd Newydd" ymhell cyn i bobl Ewrop sylweddoli bod y fath le yn

bod.

Ar yr un gwynt fel petai, ond gyda hwylen arbennig, llwyddodd Ewropeaid (Cymry fel Madog yn eu plith) i wladychu'r "Byd Newydd" yn barhaol. Roedden nhw'n hwylio mewn llongau hardd a oedd yn dibynnu ar hwylen latîn, dyfais Arabaidd a oedd yn ei gwneud yn bosibl iddyn nhw hwylio ar draws y gwynt. Mae effeithiau'r Ewropeaid ar ecoleg y Byd Newydd y tu hwnt i faes y llyfr hwn, ond daeth canlyniadau cymdeithasol, ecolegol ac amgylcheddol pwysig yn sgil rhai o'r nwyddau a gafodd eu cario'n ôl oddi yno. Beth fyddai hanes gwledydd gorllewin Ewrop – Iwerddon yn enwedig – heb y dysan Americanaidd? Efallai mai Gwyddeleg fyddai iaith Iwerddon o hyd.

Tua diwedd yr Oesoedd Canol mae chwyldro ynni yn cychwyn. Cafodd glo – gweddillion yr hen goedydd Carbonifferaidd – ei ecsploetio cyn bod sôn am faes glo enwog de Cymru. Pryd y dechreuodd pobl losgi mawn tybed?

Y Pibydd Brith

Arweiniodd y dechnoleg newydd a'r

Gweddillion hen felin wynt ar Fynydd Parys ym Môn (Duncan Brown)

hinsawdd ffafriol, a oedd newydd ddod i ben, at gynnydd yn y boblogaeth ddynol. Cychwynnodd hynny broses araf ac anfwriadol o symud i fyw mewn trefi. Doedd trefi a dinasoedd ddim yn bethau newydd. Jerico a rhai o ddinasoedd Mesopotamia rhwng pum ac wyth mil o flynyddoedd cyn Crist oedd y trefi cyntaf. Y lle sy'n cael ei alw heddiw yn Hambledon Hill yn ne Lloegr oedd dinas gynharaf ynysoedd Prydain bedair mil o flynyddoedd cyn Crist, gydag Efrog yn ymddangos tua chyfnod Crist. Er mai cymdeithas wledig oedd Cymru i raddau helaeth, cafodd y dinasoedd eu dylanwad.

Yn nhrefn esblygiad, peth newydd sbon oedd byw mewn tref. Daeth problemau gwaredu gwastraff yn fwy amlwg nag erioed o'r blaen gan nad oedd prosesau naturiol yn gallu ymdopi. Roedd trefi yn magu pob math o heintiau ac afiechydon newydd. Ymddangosodd Y Pla Du yn Caffa yn y Crimea yn y flwyddyn 1345. Haint a oedd yn manteisio ar gyflwr gwan y dioddefwr oedd *Pasteurella pestis*. Cafodd ei drosglwyddo un ai ar gefn chwannen y llygoden ddu (y pla biwbonig) neu'n uniongyrchol o berson i berson ar eu hanadl (y pla niwmonig). Nid y llygoden fawr (sy'n gyfarwydd i ni heddiw) oedd y llygoden ddu.

Mae rhai ecolegwyr fel Malthus wedi dweud mai effaith naturiol gorboblogi a diffyg maeth oedd digwyddiadau fel Y Pla. Dyma Natur, meddai, yn darganfod ei chydbwysedd ei hun. Achosodd colli 75%

GEIRFA

anhrefn	chaos, disorder
gwrthryfel(oedd)	rebellion(s)
caledi	hardship
dadleu-dy	debating chamber
y'th dery'r cowyn	the plague strikes you
dy derfyn	your end
Hwlffordd	Haverfordwest
glanweithdra	hygiene
cryfhau	to get stronger
goroesi	to survive
gwrthsefyll	to resist
disgynyddion	descendants
Detholiad Naturiol	Natural Selection
ymledu	to spread
yn ei anterth	at its height
dirywiad	decline, deterioration
disodli	to displace
gwaredu rhag	to rid of, to save from
gostyngiad	reduction
gwelltglas	green grass
y dalar	headland (uncultivated edge of field)
bôn	base
gwn-a-lwythir-o'r-bôn	breech-loading gun
plu	feathers
gwyach gopog	great crested grebe
glas-y-dorlan	kingfisher

o boblogaeth yr oes anhrefn mawr mewn cymdeithas yn naturiol. Yn wir, yn y blynyddoedd a ddilynodd bu rhai gwrthryfeloedd poblogaidd (gwrthryfel Owain Glyndŵr yn eu plith) a oedd, mae'n debyg, yn ganlyniad anuniongyrchol i'r Pla a'r caledi a achosodd.

Os mewn tafarn neu y stew-dy
Os mewn marchnad neu ddadleu-dy
Os mewn maes y'th dery'r cowyn
Dyna'r man y bydd dy derfyn.

Y Ficer Pritchard (1579-1644)

Pam daeth y Pla Du i ben? Yn Hwlffordd tua diwedd yr unfed ganrif ar bymtheg (16g) y bu'r achos olaf o'r Pla Du yng Nghymru. Yn sicr nid gwelliant yng nglanweithdra'r gymuned oedd y rheswm. Efallai bod aelodau'r boblogaeth wedi cryfhau'n araf wrth i'r nifer o bobl fynd yn llai. Mae'n debyg bod y rhai a oroesodd Y Pla yn gryfach ac yn gallu ei wrthsefyll. Felly hefyd eu plant a'u disgynyddion. Byddai hynny'n enghraifft o Ddetholiad Naturiol yn gweithio ar Ddyn. Efallai bod poblogaeth y cathod wedi cynyddu a rheoli'r llygod duon. Neu efallai bod y llygoden ddu ei hun wedi dioddef o'r Pla.

Tua diwedd y cyfnod pan oedd y Pla Du yn ei anterth, roedd y llygoden fawr yn ymledu o'r gogledd (eto efallai yn dilyn dirywiad yn yr hinsawdd). Cafodd y llygoden ddu ei disodli'n araf gan y llygoden fawr. Doedd chwannen y llygoden hon ddim yn cario'r Pla. Felly mae'n bosibl mai'r llygoden fawr a waredodd Ewrop rhag y Pla Du!

Diolch i'r Pla Du, y gostyngiad yn y boblogaeth a'r grym economaidd a gafodd y werin oherwydd hynny, daeth y drefn ffiwdal i ben. Datblygodd system o denantiaeth yn ei lle, ac o dan y system hon datblygodd y clytwaith o gaeau a chloddiau a gwrychoedd sy'n gyfarwydd i ni heddiw. Roedd y gwrychoedd a'r caeau hyn yn gynefin newydd i adar fel y betrisen a'r dylluan wen sydd mor hoff o fyw neu o hela yn y gwelltglas gwyllt ar hyd pen y dalar ac ym môn y cloddiau.

Parhaodd y boneddigion gyda'u harferion hela. Gyda dyfeisio'r gwn-a-lwythir-o'r-bôn dechreuodd y dosbarth hwn fagu ac amddiffyn rhai adar a mamaliaid er mwyn eu hela. Roedd yr un bobl yn mwynhau gwisgo plu crand adar fel y gwyach gopog a glas-y-dorlan yn eu hetiau, neu fel menig. Bu bron i'r adar hyn ddiflannu o'r tir.

Cafodd ciperiaid eu cyflogi i wneud i ffwrdd ag unrhyw anifail ysglyfaethus a fyddai'n cystadlu efo'r boneddigion am ffesant neu betris neu rugiar. Bu bron i'r lliaws o giperiaid ddifa anifeiliaid fel y bele, y ffwlbart a llawer o adar ysglyfaethus. Dyna

fyddai'r tro cyntaf efallai yng ngwledydd Prydain ers oes y mamoth i ddyn lwyddo i ddifa anifail arall trwy ei hela. Mae'n debyg bod y blaidd a'r afanc wedi diflannu oherwydd difa eu cynefin.

Heddiw yn galw

Roedd "enillion" yn ogystal â cholledion yn oes y stadau mawrion. Daeth anifeiliaid fel y minc a'r wiwer lwyd o America. Roedd gwerth mawr i groen y minc ac roedd pobl gefnog yn mwynhau teithio'r byd i gasglu anifeiliaid a phlanhigion egsotig i'w cadw ar eu stadau. Canlyniad y trawsblannu hwn yn aml oedd disodli rhywogaethau cynhenid tebyg. Dyna sut y diflannodd y wiwer goch hefyd o flaen y wiwer lwyd o America.

O'r bedwaredd ganrif ar bymtheg (19g) ymlaen, cafodd planhigion tramor eu trawsblannu yma hefyd. Dylen ni gofio fod llawer iawn o'n planhigion ni wedi mynd ar y llongau hwylio i'r Byd Newydd dair canrif ynghynt. O Asia y daeth llawer o'r dieithriaid i'n gwlad ni gyda theithwyr cyfoethog a mentrus yr oes. *Rhododendron ponticum* oedd un gafodd ei blannu ar stadau crand y Penrhyn, y

Adar Oes Victoria (Duncan Brown)

GEIRFA

byth wedyn	*ever since*
mygu	*to choke*
o bob cwr	*from all corners*
estron	*foreign*
ffromlys chwarennog	*Himalayan Balsam*
lledaenu	*to spread*
cyflenwi	*to supply*
cyfuniad	*combination*
bygwth cynhaliaeth	*to threaten the livelihood*
dyfodiad	*coming*
estron(iaid)	*foreigner(s)*
ucheldir	*upland*
Deddfau Cau Tiroedd Comin	*Enclosure Acts*
meddiannu	*to possess*
yn hytrach na gwartheg	*rather than cattle*
bugail	*shepherd*
porthmon	*drover*
uchelderau	*uplands*
"amlinell lom y moelni maith"	*the bare outline of the vast barrenness*
naturiaethwr	*naturalist*

Faenol a stad teulu'r Oakley ym Maentwrog. Tyfodd yn dda ar y priddoedd llwm ac asid gan ddisodli llawer o rywogaethau cynhenid.

Roedd y "rhodis" yn hoff iawn o briddoedd sur Eryri. Maen nhw wedi ymledu'n raddol ar hyd llechweddau Dyffryn Maentwrog a Nant Gwynant byth wedyn. Maen nhw'n cysgodi a mygu'r planhigion brodorol. Mae rhai pobl yn meddwl bod y Rhododendron yn bla, ac eraill yn dod o bob cwr i'w weld yn ei flodau bob tymor.

Parhaodd y mewnlifiad o rywogaethau estron ymhell i'r ganrif hon. Un a gyrhaeddodd yn y tridegau (1930au) oedd y ffromlys chwarennog sy'n gyffredin ac amlwg ar hyd ein hafonydd. Mae ei ddull o "boeri" ei hadau i bob cyfeiriad yn ei helpu i ledaenu. Mae rhywogaethau eraill wrth y drws heddiw. Edrychwch allan am *Crassula helmsii* – planhigyn dŵr sydd wedi dianc o'r siopau sy'n cyflenwi pyllau gardd.

Math arall o blanhigyn dieithr i Gymru yw'r cordwellt (*Spartina*). Mae'n gyfuniad o ddau blanhigyn a chafodd ei greu yn fwriadol mewn labordy ar ddechrau'r ganrif. Mae'n tyfu yn bla ar hyd ein haberoedd heddiw ac yn bygwth cynhaliaeth yr adar sy'n byw yno.

Ddylen ni gadw pob tir gwyllt yn unig ar gyfer rhywogaethau a oedd yn byw yma cyn dyfodiad Dyn? Neu ddylen ni dderbyn bod yr estroniaid hyn yn rhan o'n hanes erbyn hyn? Cwestiwn i Gymdeithas, nid gwyddonwyr, yw hwn.

Yr Amlinell Lom

Am ganrifoedd roedd yr ucheldir yn dir agored a oedd yn eiddo cyffredin i bobl ardal gyfan. Trwy'r *Deddfau Cau Tiroedd Comin* yn y ganrif ddiwethaf cafodd llawer o'r tir yng Nghymru ei feddiannu gan y dosbarth uwch. Yr amcan newydd oedd magu defaid am eu gwlân, yn hytrach na gwartheg am eu cig yn null traddodiadol y bugail a'r porthmon. (Person oedd yn cadw *buwch*, nid dafad, oedd *bugail* yn wreiddiol.)

Y ddafad yn fwy na dim sy'n gyfrifol am foelni ein huchelderau. Soniodd T.H. Parry-Williams am "amlinell lom y moelni maith" yn ardal yr Wyddfa yn ein canrif ni. Soniodd y naturiaethwr o Gymro, Thomas Pennant (1726-1798) am Foel Eilio uwchben Betws Garmon fel *"close cut turf"*, fel y mae o hyd.

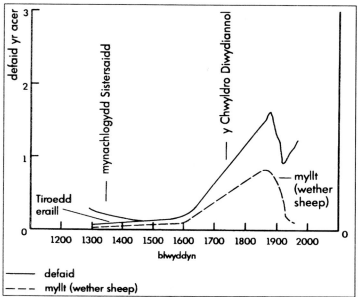

defaid yr acer

mynachlogydd Sistersaidd

y Chwyldro Diwydiannol

Tiroedd eraill

myllt (wether sheep)

blwyddyn

—— defaid
- - - myllt (wether sheep)

Newidiadau yn nifer y defaid yn yr hen Sir Gaernarfon ers yr Oesoedd Canol (yn ôl R.E. Hughes)

Dangosodd R. Elfyn Hughes, cyn-gyfarwyddwr y Warchodaeth Natur yng Nghymru, y ffordd y mae'r nifer o ddefaid ar fynyddoedd Sir Gaernarfon wedi amrywio ers yr Oesoedd Canol. Mynachod Sistersaidd oedd y prif ffermwyr bryd hynny. Roedd tiroedd Abaty Aberconwy, er enghraifft, yn cynnwys Ardda a Maenan (Dyffryn Conwy), Nant Gwynant (Eryri), Creuddyn (Llandudno) a Rhedynnog Felen (Caernarfon).

Mae Hughes yn dweud bod cyfnodau o bori ysgafn wedi caniatáu i blanhigion ail-ymsefydlu ar ôl cael eu pori allan. Er bod y nifer o ddefaid ar y mynydd yn yr haf wedi cynyddu'n fawr yn ein canrif ni, mae'r pwysau dros y gaeaf yn awr yn ysgafnach nag yn y gorffennol pan oedd myllt yn aros yno trwy'r flwyddyn. Mae'r newidiadau yn niferoedd y ddafad, ac ym mhatrwm tymhorol eu pwysau, yn effeithio'n drwm ar fyd natur y mynydd. Gwair sy'n ennill ar draul grug pan fydd pori trwm. Mae adar fel y cwtiad aur, y boda tinwen, y grugiar goch a phibydd y mawn wedi diflannu oherwydd colli grugdir y mynydd.

Mwy o ddefaid, llai o wartheg a – gyda dyfodiad y tractor – llai o

GEIRFA

rhedyn	fern, bracken
sathru	to trample
o'i blaid	in its favour
ffurfafen	firmament
cigfran (cigfrain)	raven(s)
po fwyaf ...	the more ...
celanedd	carrion
cudd	hidden
cyhoeddi	to publish
gwyfyn brith	peppered moth
coed cennog	lichen-covered trees
cen	lichen
canlyniad(au)	result(s)
llai amlwg	less obvious
annisgwyl	unexpected
myglyd	smoky
baeddu	to foul
trefoli	to urbanise
dwysáu	to intensify

geffylau nag erioed o'r blaen. Dyma rai o'r ffactorau sydd wedi helpu un o blanhigion mwyaf llwyddiannus Cymru yn yr ugeinfed ganrif (20g), sef y rhedyn. Dydy'r rhedyn ddim yn hoffi cael ei sathru gan anifeiliaid trwm. Roedd ffactorau eraill o'i blaid hefyd – llai o dorri rhedyn ar gyfer gwely i anifeiliaid a mwy o olau ar ôl clirio coed. Mae'r gwelliant yn yr hinsawdd ers y ganrif ddiwethaf wedi ei helpu hefyd. Ydy, mae seren y planhigyn bach yma wedi bod yn uchel yn y ffurfafen ers tro!

Gyda'r cynnydd yn y nifer o ddefaid ar y mynydd daeth cyfle newydd i anifeiliaid ysglyfaethus fel y llwynog a'r gigfran. Po fwyaf o ddefaid, po fwyaf o gyrff a chelanedd sydd ar gael i'r rhain. Mae Dyn, y llwynog a'r gigfran wedi cystadlu â'i gilydd yn ucheldir Cymru ers sefydlu economi'r ddafad. Diolch i'r ddafad, mae mwy o gigfrain i'r filltir sgwâr yng Nghymru nag yn unman arall yn y byd!

Melinau Satanaidd

Y Chwyldro Diwydiannol oedd y rheswm am yr holl ddefaid. Ond cafodd y chwyldro hwn effeithiau cudd hefyd. Hanner canrif yn ôl, cyhoedd-odd dyn o'r enw Kettlewell ei astudiaeth o'r gwyfyn brith yn Sir Gaerhirfryn a gogledd Cymru. Dangosodd ddau beth am y pryf bach hwn: yn gyntaf, bod esblygiad yn digwydd heddiw o flaen ein llygaid, ac yn ail, bod mwg y trefi mawr yn cael effaith ar y ffordd y mae rhai anifeiliaid yn esblygu.

Mae gan y gwyfyn brith ddwy ffurf, un dywyll ac un olau. Y rhai golau yw'r rhai mwyaf cyffredin gan eu bod yn cuddio'n well ar goed cennog rhag yr adar sy'n hoffi eu bwyta. Gwelodd Kettlewell fod y rhai tywyll yn cynyddu, a'u bod yn fwy cyffredin o gwmpas trefi mawr gogledd Lloegr. Llwyddodd i ddangos bod y gwyfynnod tywyll yn cuddio'n well rhag adar ar fonion coed budr y trefi a oedd wedi colli eu cen. Roedd yr adar yn dewis y rhai gwyn yn yr ardaloedd hynny – enghraifft o Ddetholiad Naturiol ar waith. Roedd yn un o ganlyniadau llai amlwg ac annisgwyl y "dark satanic mills" (fel y disgrifiodd William Blake y ffatrïoedd mawr myglyd a oedd yn codi ym mhob man yn ei ddydd).

Baeddu'r Nyth

Trefoli'r boblogaeth, dwysáu y ffyrdd o

gynhyrchu bwyd, a chreu gwastraff a llygredd – dyma ran bwysig o'n hanes o hyn ymlaen. Llwyddodd yr Americanes Rachel Carson yn y flwyddyn 1962 yn ei llyfr *Silent Spring* i dynnu sylw'r byd at y ffordd rydyn ni'n baeddu ein nyth ein hunain gyda phlaladdwyr synthetig cemegol. Roedd sylweddau fel DDT, heptachlor a dieldrin wedi gwneud niwed mawr i fywyd gwyllt rhai o brif lynnoedd gogledd America.

Mae llawer o fathau gwahanol o blaladdwyr wedi cael eu defnyddio yn y cyfnod hwn heblaw am y rhai sy'n lladd haint neu drychfilod. Cafodd *llys*laddwyr eu datblygu i dargedu'r chwyn a fu'n tyfu ers cyn cof mewn caeau ŷd a gwair. Un o'r chwyn hyn oedd y bulwg-ŷd sy'n blanhigyn prin yng Nghymru heddiw. Pan gyfieithodd William Morgan y Beibl yn yr unfed ganrif ar bymtheg (16g) roedd y blodyn bach hwn yn gyfarwydd i bawb:

> Deued ysgall allan yn lle gwenith, a bulwg yn lle haidd.
> *(Let thistles grow instead of wheat, and cockle instead of barley.)*

> *Job xxxi, 40*

I Carson roedd bywyd gwyllt, fel caneri i'r colier, yn arwydd o iechyd neu afiechyd yr amgylchedd. Roedd rhaid meddwl am ddyn fel rhan o'r un drefn ecolegol â gweddill y greadigaeth. Cafodd Carson ei dilorni a'i galw'n ffanatig gan y rhai a oedd mewn perygl o golli fwyaf oherwydd ei syniadau. Er gwaethaf yr anfri a'r sen a gafodd, yn raddol cafodd ei syniadau eu derbyn. Ond dim ond yn araf iawn y mae pobl wedi gweithredu arnyn nhw.

Yn fuan ar ôl i *Silent Spring* ymddangos, daeth problemau tebyg i'r amlwg yr

Yr Hebog Tramor – bu bron iddo farw o'r tir yn y 60au oherwydd gwenwyn

GEIRFA

llygredd	pollution
plaladdwyr	pesticides
heblaw am	apart from
trychfilod	insects
llysladdwyr	herbicides
bulwg-ŷd	corncockle
creadigaeth	creation
dilorni	to scorn
anfri	disgrace
sen	insult
gweithredu	to act

51

ochr yma i Gefnfor Iwerydd. Roedd yr hebog tramor yn prinhau'n arw a hynny'n rhannol oherwydd bod ieir yr hebog yn torri eu hwyau oddi tanyn nhw tra'n eu gori. Trwy fesur plisg wyau diweddar yr hebog, yn ogystal â rhai o gasgliadau amgueddfeydd y ganrif ddiwethaf, roedd yn amlwg eu bod wedi teneuo yr un pryd ag y cafodd DDT ei roi ar y tir.

Hadau gwenwynig > colomen yn eu bwyta > hebog yn ei bwyta hithau ac yn crynhoi'r gwenwyn yn ei gnawd – dyna'r gadwyn farwol a fu bron ag achosi tranc yr hebog tramor yn y chwedegau (1960au). Cafodd y

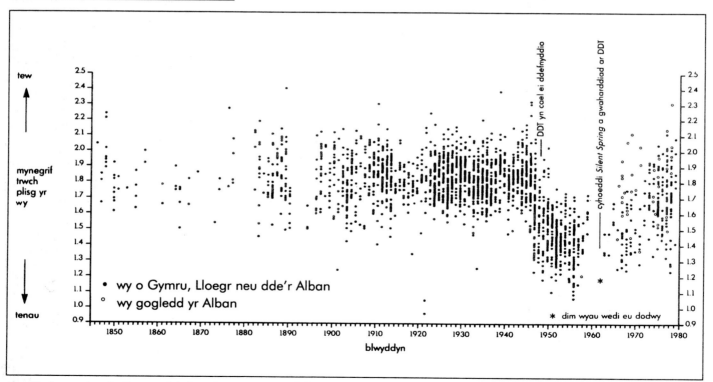

Newidiadau yn nhrwch plisg wyau'r hebog tramor ers y ganrif ddiwethaf (ar sail Ratcliffe, 1980)

defnydd o DDT a sylweddau tebyg ei reoli mewn pryd i achub yr hebog tramor rhag diflannu am byth o Brydain. Mae ei phoblogaeth yng Nghymru a'r Alban erbyn hyn gyda'r iachaf yn y byd. Er gwaethaf hyn rydyn ni'n gwerthu DDT o hyd i lawer o wledydd y Trydydd Byd (ac yn aml yn ei gael yn ôl yn y bwyd y mae'r gwledydd hynny yn ei werthu i ni!).

Y Byd yn Grwn

Nid y *biosffer* (sef y swm o bethau byw) yw'r unig ran o'r blaned sy'n cael ei newid gan Ddyn. Mae'r *hydrosffer* (y swm o ddŵr) a'r *atmosffer* (y swm o nwyon) hefyd yn cael eu trawsffurfio gan sgil-gynhyrchion diwydiannau'r byd datblygedig. Mae hyn oherwydd ein defnydd afradlon o'r *lithosffer* (y swm o graig gan gynnwys olew, glo a mwynau). Galwodd yr athronydd a'r anthropolegydd Teilhard de Chardin y rhan o'r byd sydd o dan ddylanwad y Meddwl yn *no-osffer* – dimensiwn arall o'r bydysawd, meddai rhai.

Mae pedair prif ran i'r atmosffer. O'r gwaelod i fyny mae'r *troposffer* (sef yr haenen hyd at 12 km lle mae'r tywydd, cymylau, dŵr a llygredd i'w

cael). Wedyn, hyd at 50 km, mae'r *stratosffer* (dyma lle mae'r haenen oson holl bwysig). Mae'r *mesosffer* (sy'n haenen oer iawn), yn cyrraedd 80 km o uchder uwchben y ddaear. Uwch ei ben eto, i ben y to fel petai, mae'r *thermosffer* tua 90 km uwchben y ddaear. (Yn groes i'r disgwyl efallai, mae hwn yn gynhesach na'r haenen flaenorol ac yn llyncu rhywfaint o'r golau uwch-fioled cyn i'r stratosffer gymryd y rhan fwyaf.)

Mae'r atmosffer yn system ddeinamig. Mae'r nwyon ynddi wedi eu cylchdroi gymaint nes y bydd ein hanadl nesaf yn cynnwys atomau a gafodd eu hanadlu droeon o'r blaen, efallai gan Adolph Hitler neu'r Iesu yn Ngethsemane. Mae'n bosibl ei fod yn cynnwys hefyd atomau o strontiwm-90 a ffrwydrodd o brofion niwclear Ynys y Nadolig tua hanner canrif yn ôl.

6. CYDWYBOD YN PIGO

GEIRFA

cadwraeth	conservation
trofannau	tropics
paradwys ddaearol	earthly paradise
o'r fath	of the kind
Caersalem Newydd	New Jerusalem
Gwynfyd	Paradise, Heaven
purdeb amgylcheddol	environmental purity
y cefnfor glas	the blue ocean
delfrydau	ideals
mudiad	movement
twf cyfalafiaeth	the growth of imperial-
ymerodrol	istic capitalism
un ai	either
mwyafrif llethol	vast majority
anghysbell	remote
lloches(i)	refuge(s)
gwylan	gull
dioer	certainly
unlliw ag eiry	the same colour
	as snow
neu wenlloer	or a white moon
dilwch	spotless
tegwch	beauty
dyrnfol	steel glove, gauntlet
heli	sea
harddwch	beauty
cymhleth	complex
dôl (dolydd)	meadow(s)
pabi coch	poppy
glân	beautiful
yn frith	dotted with

Nid peth newydd yw ein consýrn am yr amgylchedd. Ac nid ar dir Ewrop mae gwreiddiau cadwraeth chwaith. Cafodd yr hedyn ei blannu yn *Utopia* newydd y trofannau. Gosododd Dante baradwys ddaearol ei *Divina Comedia* ar un o ynysoedd Cefnfor y De. Gwelodd Ewropeaid ynysoedd o'r fath am y tro cyntaf yn y bymthegfed ganrif (15g), diolch i Columbus, Magellan a'u tebyg.

Datblygodd Eden, Arcadia a'r Gaersalem Newydd yn symbolau o Wynfyd. I'r Cymry roedd Afallon yn symbol o burdeb amgylcheddol cyn oes teithwyr y cefnfor glas. Tyfodd cadwraeth allan o'r tensiwn rhwng delfrydau y Mudiad Rhamantaidd a thwf cyfalafiaeth ymerodrol. Cyn hynny mae'n debyg bod "cefn-gwlad" un ai yn lle i weithio (roedd mwyafrif llethol y werin hyd at ddechrau'r ganrif ddiwethaf yn gweithio ar y tir), neu yn lle i'w ofni (roedd yr ardaloedd anghysbell a gwyllt yn llochesi i ladron a bleiddiaid).

Ond blodyn pert oedd blodyn pert erioed – a gwylan hardd oedd gwylan hardd (hyd yn oed ar domen sbwriel) ...

'Yr wylan deg ar lanw. . .'? (Duncan Brown)

Yr wylan deg ar lanw, dioer
Unlliw ag eiry neu wenlloer,
Dilwch yw dy degwch di,
Darn fel haul, dyrnfol heli...

Dafydd ap Gwilym
1320-70

Mae ein syniad o harddwch naturiol heddiw yn un cymhleth. Meddyliwch am fynd am dro a gweld dolydd o gaeau gwenith glân gyda'r pabi coch yn frith drwyddyn nhw. Dychmygwch eto eich siom wrth nesáu at y dolydd a sylweddoli nad blodau oedd y smotiau cochion ond papurau siocled wedi eu taflu. Fasech chi'n troi eich pen i werthfawrogi yr un olygfa ar eich ffordd yn ôl?

Tua'r 1670au daeth lluniau yn dangos canlyniadau torri fforestydd eboni Ynys Mauritius i sylw rhai o ddeallusion yr oes. Yn y degawd hwnnw hefyd y bu'r dodo enwog farw o'r ynys honno – yr unig le lle roedd yn byw yn y byd. Daeth yr aderyn yn symbol o beth mae Dyn yn gallu ei wneud i'w gyd-greaduriaid yn enw trachwant. Nid y dodo oedd yr anifail cyntaf i drengi dan law Dyn chwaith. Yr awrocs, hynafiad yr ych, yng Ngwlad Pwyl yn yr un ganrif oedd y cyntaf, neu'r mamoth efallai lawer cyn hynny. Ond y dodo wnaeth i'r byd gorllewinol sylweddoli nad oedd Peiriant Ymerodrol Gwledydd Ewrop yn dda i gyd.

Yn dilyn y difrod ym Mauritius, gweithiodd rhai o ddiwygwyr gwrth-gyfalafol Ffrainc, dan ddylanwad Jean-Jaques Rousseau, i atal unrhyw ddifrod pellach. Roedd ganddyn nhw resymau esthetig a moesol yn ogystal â rhesymau economaidd goleuedig. Roedd y bobl hyn hefyd eisiau creu

Y Pabi Coch – ychydig iawn o flodau gwyllt sy'n tyfu yn y caeau erbyn hyn (Duncan Brown)

cymdeithas wâr a chyfiawn ymhell o afael grym ymerodrol Ffrainc.

Arweiniodd y profiad ym Mauritius at blannu a gwarchod fforestydd yn India yn nechrau'r bedwaredd ganrif ar bymtheg (19g). Roedd effeithiau erydiad y pridd wedi dod yn amlwg erbyn hynny hyd yn oed ar eangderau India. Dysgodd yr Almaenwr

GEIRFA

siom	disappointment
nesáu	to get closer
gwerthfawrogi	to appreciate
deallusion	intellectuals
degawd	decade
cyd-greaduriaid	fellow-creatures
trachwant	greed
trengi	to die, to perish
Peiriant Ymerodrol	Imperial Machine
difrod	destruction
diwygwyr gwrth-gyfalafol	anti-capitalist reformers
dylanwad	influence
atal	to stop
moesol	moral
yn ogystal â	as well as
goleuedig	enlightened
gwâr	civilized
cyfiawn	just
gafael	grasp, hold
grym	power
erydiad	erosion
eangderau	expanses

G E I R F A

yn y bôn	basically
credo(au)	creed(s)
neges gadwraethol	conservationist message
yn ei sgil	in its wake
tagu	to choke
	(i.e. with silt)
cam-drin	misuse
poendod	pain
sychdwr	drought
brodorol	native
bwyell (bwyeill)	axe(s)
ymwybyddiaeth	awareness
tranc	extinction, demise
Ceirw Gwyddelig	Irish Elks
fel petaen nhw	as if they were/had
didostur	merciless
cyfraniad	contribution
Lledaenu	to spread

Humboldt am yr undod hanfodol sydd rhwng y Ddynoliaeth a'r Cosmos. Roedd ei syniadau yn y bôn yn dod o gredoau holistig yr Hindw. Trwy'r dylanwad a gafodd y syniadau hyn ar rai o wyddonwyr yr oes – fel yr Albanwyr Gibson a Balfour – cyrhaeddodd y neges gadwraethol i galon y *British East India Company* holl bwerus. Erbyn hyn roedd erydiad y tir, a'r mwd a ddaeth yn ei sgil yn dilyn torri coed, yn tagu llawer o borthladdoedd pwysig y cwmni. Roedd cam-drin yr amgylchedd yn dechrau costio. Os oedd erydiad yn boendod ddwy ganrif yn ôl, roedd hynny'n wir hefyd am newidiadau yn yr hinsawdd. *Plus ça change!* Yn yr

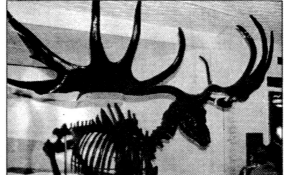

Y Carw Gwyddelig – beth achosodd ei dranc?
(Duncan Brown)

1860au digwyddodd y sychdwr mwyaf ar gof yn ne Affrica. Lledaenodd diffeithwch y Calahari yn sylweddol, er nad oedd pawb yn cytuno ar y rhesymau. Ceisiodd rhai roi'r bai ar bobl frodorol, neu ar y bwyeill a roddodd yr Ewropeaid iddyn nhw.

Gyda rhywogaethau'n diflannu oddi ar wyneb y Ddaear, cododd ymwybyddiaeth newydd o "dranc". Cododd hyn hefyd wrth i bobl sylweddoli bod tranc yn beth cyffredin yn nhrefn esblygiad. Mae'r diolch am hyn yn bennaf i waith y daearegydd Lyell, i Darwin ac i'r Cymro, Wallace. Roedd pobl yn synnu, er enghraifft, bod dim Ceirw Gwyddelig byw yn y byd. Roedd llawer iawn ohonyn nhw'n cael eu darganfod mewn mawnogydd yn union fel petaen nhw newydd farw. Roedd Dyn erbyn hyn yn ymddangos yn rhywogaeth wan iawn yn wyneb pwerau anferth a didostur Natur.

Rydyn ni wedi sôn yn barod am gyfraniad Rachel Carson i'r ymwybyddiaeth o'r difrod y mae dyn yn gallu ei wneud i rannau o'r

amgylchedd. Cafodd ei gwaith hi ei ddilyn yn y 1960au a'r 1970au gan lyfrau â theitlau bachog ac arwyddocaol iawn, fel *The Waste Makers*, a *The Costs of Economic Growth*. Roedd optimistiaeth y bedwaredd ganrif ar bymtheg (19g), a'r gred bod adnoddau'r ddaear yn ddihysbydd, wedi cael tolc. Doedd dim un fantolen fasnach yn rhoi ystyriaeth i gostau amgylcheddol.

Glywsoch chi am "Drasiedi'r Tir Comin"? Yn ôl y ddamcaniaeth hon, mae'n werth i bawb sydd â defaid ar ddarn o dir comin godi'r nifer uwchben y nifer sy'n gynaladwy yno. Mae perchennog y defaid ychwanegol yn elwa, ac mae costau'r difrod i'r borfa oherwydd y gor-bori yn cael eu rhannu rhwng pawb. Porwyr Comin y Ddaear ydyn ni heddiw. Rydyn ni'n mwynhau haelioni'r Ddaear heb gyfri'r gost yn iawn.

Gallwn restru rhai o'r costau hyn:
- glaw asid a'i effaith ar ecoleg y dyfroedd,
- twymo'r Ddaear a chodi cyflym yn lefel y môr,
- cemegion PCB yn treiddio i'r gadwyn fwyd fyd-eang (mor bell hyd yn oed â phengwiniaid yr Antarctig),
- sgil-gynnyrch gwenwynllyd parhaol y diwydiant niwclear,
- colli amrywiaeth genetig wrth golli rhywogaethau neu boblogaethau arbennig,
- colli'r haen oson ac effaith hynny ar blancton y môr a chylch ocsigen y ddaear.

Cam bach ond cam pwysig oedd Datganiad Rio yn 1992 i geisio cywiro'r problemau hyn.

Ers y Dadeni Dysg digwyddodd tri pheth i fwrw Dyn oddi ar y Pedestal Cosmig yr oedd o wedi treulio o leiaf fileniwm yn gosod ei hun arno. Copernicws y seryddwr oedd y cyntaf. Dangosodd o nad canol y bydysawd oedd y Ddaear ond darn o graig ar yr ymylon. Roedd hwn yn fydysawd mor fawr nes ei bod yn anodd dychmygu ei faint. Yr unig gysur i ddyn oedd y "ffaith" bod Duw wedi ei osod yma fel rhan o'i Gynllun Mawr.

Wedyn daeth Darwin. Dywedodd ein bod ni wedi cael ein creu gan yr un prosesau yn union â chant a mil o anifeiliaid a phlanhigion eraill ar y Ddaear. Doedd dim Cynllun Mawr ar ein cyfer ni yn unig wedi'r cwbl. Ond o leiaf, yn wahanol i'r anifeiliaid, rydyn ni'n fodau deallus, rhesymegol a moesol.

Ond yn fuan ar ôl hyn dangosodd Freud nad oes gennyn ni syniad o gwbl am brosesau ein meddwl. Fel telpyn mawr o rew, mae'r rhan fwyaf o'n hymennydd o dan yr wyneb. Dydyn ni ddim mor rhesymegol ag yr oedden ni'n ei gredu. Mae ein moesau mwyaf anrhydeddus yn cuddio'r cymhellion mwyaf amheus. Ond roedd yn bosibl cysuro ein hunain fod ein cof a'n gallu meddyliol yn unigryw yn y byd byw – nes daeth cyfrifiaduron. Pa fodd y cwympodd y cedyrn!

Creadur unig, ar drugaredd Natur, ac ar drugaredd gwendidau ei natur ei hun, yw Dyn erbyn hyn. Bu'n rhaid i ni sylweddoli mai NI a ni yn unig sy'n gyfrifol am ein tynged ein hunain ac am ffawd y blaned a'n magodd ni. Gallwn wneud fel y mynnwn â hi – ei dinistrio, neu ei hachub. Mae'r cyfrifoldeb arnon ni'n arswydus.

Hwylio 'Mlaen

Cyhoeddwyd eisoes yn y gyfres hon:

Mae teitlau eraill i'w cyhoeddi'n fuan – manylion llawn oddi wrth y cyhoeddwyr.
Am restr gyflawn o'n cyhoeddiadau, mynnwch gopi o'n catalog newydd, lliw-llawn, 48-tudalen:
ar gael yn rhad ac am ddim gyda throad y post!

Talybont, Ceredigion, Cymru SY24 5HE; ffôn (01970) 832 304, ffacs 832 782